自分はときどき退屈しているけど
人のことは決して退屈させないぼくの兄弟、ポールへ

――JD

ベンとブロンウィンに捧ぐ…
毎日が意味あふれる没頭で満たされ続けますように

――JDE

目次

はじめに

・・・

混雑を避けようと思って早めに運転免許の更新に来たのだが、あてがはずれた。考えることはみんな同じなのだろう。免許センターは人であふれていた。窓口に近づくと、「番号札を取って座っていてください」という声が飛んできた。

きまりの悪さをとりつくろいながら手近な椅子まで歩き、おどおどと腰を下ろす。じっとしていられなくて、しきりに体を動かしてしまう。あちこちに目をやって、気を紛らしてくれるものを探す。壁に貼られたポスターには、初めて車の免許を取る人からクレーン車のオペレーターまで、さまざまな申請者のために規則の概要が書かれている。それらを全部読み終わると、うなだれて頭を抱える。呼ばれる番号は遅々として進まない。倦怠感に繰り返し襲われ、その合間をぬって、いらだちが頭をもたげる。体から力が奪われていくのにイライラはおさまらず、落ち着かない。もう一度、ポスターを読む。時間がたつのが遅く、何かしたいという焦燥感がつのる。

急に、スマートフォンを持っていたことを思い出す。渇望していた心の慰めが得られるという期待に、スマホを取り出す手が震える。イヤホンを耳に入れてスマホのロックを解除すると、体のこわばりが解け、頭がすっきりし、心がなごむ穏やかな感覚に包まれた。これで危機は避けられたのか。たぶんそうだ。ひどく嫌な気分を押さえ込んだのだから、確かによいことだった……だが、もし退屈が何かのメッセージだったとしたら、どうだろう。

・・・

退屈に襲われるのは、何かをしたいのに、その場で与えられた選択肢にやりたいことが一つもなく、前向きになれないときだ。無気力とか無関心と呼んでもいいだろう。あるいは、逆に「じっとしていられない」感じを指すこともある。何かしたくてうずうずしているのに、どうすればその欲求が満たされるのかわからない状態だ。退屈はさまざまな形で説明されるが、だれしも必ず経験したことがあるものだ。私たち二人の著者は、人間はもっと退屈に注目し、退屈を理解すべきだと考えている。退屈という現象は非常に興味深く、有益なものである可能性すらあるからだ。

長いあいだ、退屈というテーマは、哲学者や歴史家、神学者たちによって探究されてきた。しかし、退屈は普遍的なものだという事実にもかかわらず、これまで科学の世界ではほとんど注目されてこなかった。私たちは本書でその傾向を変えたいと考えている。心と行動を科学的に研究する心理学は、退屈という人間の経験に光を当てるのに適している。心理学者である私たちは、15年にわたり、神経科学と臨床心理学にまたがる専門知識に基づいて、退屈に関する研究を発表してきた。そのなかで発展させてきたのが、「没頭（エンゲージメント）」[*1]と「主体感」という二つのキーコンセプトを軸とした退屈の理解である。このアプローチは、幅広い科学的研究成果を説明できるという点で優れており、退屈に対する多様な取り組みをまとめることができる。

私たちは、退屈には人間へのメッセージが含まれていると確信しているが、「人がどのように生きるべきか」を示せると思っているわけではない。退屈そのものも、人が何をすべきかを教えてはくれない。そういう意味でどうするかを決めるのは自分自身だ。

これが、まさに退屈が発信する重要なメッセージの一つであり、ひいては本書の中心となるテーマである。

人間は、自分が選んだ、世界との有意義なつながりを必要としている。そして、何かに夢中で取り組み、そのことで心をいっぱいにし、欲求に表現を与え、自分のスキルや才能を行使することを必要としている。簡潔に言うと、人は主体感を求めているのだ。その欲求が満たされると活気にあふれるが、阻害されると退屈し、没頭することをやめてしまうのである。

この点において、退屈は人間がもつ重要な性質に光を当てる。つまり、人間には「自分を取り巻く世界に没頭したい」という強い欲求があるのだ。あとで述べるように、真の没頭の代わりになるもののなかには、非常に魅力的で、少しのあいだ退屈を追いはら

＊1　英語ではengagementであり、活動に専心し、没頭して取り組んでいる心理状態を意味する。産業心理学・組織心理学や教育心理学などの分野で重視されている、人と環境とのあいだでの時間経過とともに変動する心理現象の質を記述する際の主要な概念である。進行中の活動における行動の粘り強さ、ポジティブな感情、熱意に特徴づけられる。その動詞形engageは、本書の本文中では「没頭する」と訳出した。

えるものがたくさんある。しかし、そうした気休めはその場しのぎで、退屈はさらに強大になって戻ってくるだろう。そのあと主体感を得るかどうかは本人次第だ。

退屈は捉えどころのない題材で、人間に関する探究のさまざまな領域に関わっている。ある意味、そういう性質が退屈を魅力的なものにしているのだが、人を耐えがたいほどイライラさせるのも、また同じ性質である。ルイス・キャロルの『鏡の国のアリス』に出てくるハンプティ・ダンプティとアリスのやり取りを思い出してほしい。ハンプティ・ダンプティは〝見下したように〟アリスに言う。「私がある言葉を使うとき、その言葉は私が選んだことだけを意味するのだ——それ以上でも以下でもない」。アリスは的確に答える。「問題は、あなたが言葉にそんなにたくさんの意味をもたせられるかどうかよ」

アリスとハンプティ・ダンプティのすれ違いは、これまで行われてきた退屈に関する研究の大部分を象徴している。私たちは、退屈を定義する方法に正しいとか間違いとかはないという考えに同意するが、もっと厳密さが必要だと思っている。

本書は、退屈を「心のなかで起きる経験」と捉え、明確な心理学的アプローチによって、退屈というつかみどころのないものの定義を試みる。そのうえで、これまでバラバラだった研究分野をまとめる体系的な枠組みを提供する。私たちは、この枠組みが、幅広い読者や研究者が出会い、意見を交換する共通の場になればいいと考えている。

本書の出発点は「退屈とは何か」という問いである。多くの日常経験と同じように、ほとんどの人は退屈を既知のものだと思っているが、それを定義しようとすると話は違ってくる。退屈は、詳しく調べれば調べるほど、不可解で興味をそそられるものになっていくのだ。次に、私たちは「退屈は何の役に立つのか」という問題を考える。なぜ進化は、人類を、そんな好ましくないものに影響されるようにしたのだろうか。あとで説明するように、実は、退屈する能力をもつのは有益なことなのだ。だから、退屈に襲われても恐れる必要はない。肝心なのは、そのシグナルにうまく対応することである。

その次に私たちが注目するのは、「何が人を退屈させるのか」という問いである。答えは単純ではない。美しさと同様、退屈をどう捉えるかは人によって異なる。ある人にとっての楽しみは、ほかの人には退屈かもしれない。しかし、退屈に飲み込まれるリスクを増大させる要因は、人間のなかにも、人間が置かれた環境のなかにもある。私たちは、そこからさらに進んで、人は退屈におちいると、なぜほかの人々から切り離されたり、意味を生み出し、目的を見つけるという重要な要求から切り離されたりしてしまうのかについて検討する。続いて、退屈という経験への理解を深めるために、退屈の反対概念が何であるかを綿密に調べる。そうすれば、退屈に対してどう反応するのが最も適切なのかについて考える土台が用意できる。

退屈は行動を喚起する呼びかけであり、もっと深く世界と関わるためのきっかけである。退屈は、より大きな意味をもち、より深い満足を与えてくれる行動へと人を後押しする。その結果、人々が必然的に行き着くのが「私は何をすべきなのか」という問いである。本書はこの問いの答えではない。退屈が発するメッセージをもっと明確に理解するためのガイドである。

第1章

退屈とは何か

・
・
・

キッチンの流し台に重ねられた食器から頭を上げ、窓越しに裏庭へ目をやる。手もち無沙汰な感じがふくれあがり、「何かをしたい」という欲求が生じてくる。何でもいいのだ……でも、何をすればいいのだろう、などと考えているうちに、ようやく、さっきから裏庭に犬がいたことに気づいた。

その犬はオーストラリアンシェパードのメスで、毛色はブルーマールだが、賢そうな顔のまわりには黄褐色も混ざっている。彼女が得意なのは、もって生まれたとしか思えない並はずれた能力で羊や牛を駆り集めることだ。そんな活動的な動物に、一日2回(正直に言うと、だいぶ自分に甘い数字だ)の散歩はとても十分とはいえない。彼女には、広々とした場所や運動、目的、なすべき仕事が必要なのだ。人間と大きな違いはない。

囲いに追い込む羊がいないので、彼女は家の芝生を円弧を描くように全速力で走ることで自分を満足させている。ふだんなら、そんな姿を見ると思わず顔がほころぶ。自分の尻尾を追いかけ、ときにはかみついたりする様子はなかなか楽しそうだ。だが、今は無意味に思える。そう感じたことを察知したかのように、彼女は走り回るのをやめ、一息ついて、こちらの顔色をうかがう。その悲しげな表情を見ていると、自分の顔からもゆっくりとほほえみが消えていく。いつまでも見つめられているだけなので、彼女は救いの手が差し伸べられないことを悟る。彼女を退屈から救うために何かをする気にはなれない。ふたたび、意味がなく、終わりのない疾走が始まる。

彼女は退屈している。それはわかっているし、彼女もそれをわかっている。退屈を紛らしてくれるはずの犬さえ退屈するのなら、どうやって自分の倦怠感をおさめればいいのだろう。

・
・
・

デッドロック卿「まだ雨は降っているのかい」

デッドロック夫人「ええ。こんなお天気、退屈で死んでしまいそうだわ。ここも死ぬほど退屈だし、こんな生活も死ぬほど退屈。自分自身にも死んでしまいたいくらい退屈しているの」

この、安閑《あんかん》としたビクトリア時代の暮らしの描写は、チャールズ・ディケンズの小説『荒涼館』を翻案したテレビドラマからのものだ。ディケンズは『荒涼館』という内容にふさわしい題名をつけた小説で、初めて*boredom*（退屈）という単語を使った。当然、その語根《ごこん》である*bore*（退屈なもの）はデッドロック夫妻より前から存在していたと考えられるし、フランス人は、無気力な感じを表すのに古くから*ennui*（アンニュイ）という単語を使っていたが、*boredom*は19世紀後半まで一般的な英語ではなかったのである。だが、無気力な状態を表す単語がなかったからといって、それまでイギリスに退屈が存在しなかったというわけではない。

退屈は、どのような形にせよ、常に人間とともにあった。それは、長い進化の歴史が形成した人類の生態の一部である。退屈には、複雑で興味深い、社会的、哲学的、文学的、美術的、神学的な歴史がある。あまりにも複雑なので、ここでは全体をカバーできない。しかし、退屈とは何かを正しく理解し、それを定義するためには、なんらかの出発点が必要だ。

退屈の歴史――セネカの嘆き、コヘレトの不満

ピーター・トゥーヒーは、秀逸な著作『退屈　息もつかせぬその歴史』（邦訳：青土社、2011年）のなかで、退屈の起源を求めて古代までさかのぼっている。ローマの哲学者セネカは次のように退屈に言及した。彼は退屈を、日常生活の単調さがもたらす、吐き気をもよおすような嫌悪感に結びつけた最初の人物かもしれない。

同じことがどれだけ続くのだろう。これからも、間違いなく私はあくびをし、眠り、食事をとり、のどが渇き、寒さや暑さを感じるだろう。それに終わりはないのだろうか。あるいは、すべてはぐるぐる回っているだけなのか。夜が昼を押しの

け、昼が夜に取って代わる。夏は秋に道をゆずり、冬は秋を押し出し、冬は春に行く手を阻まれる。何もかもが、また戻ってくるために通りすぎていく。私がすることに初めてのものはなく、私が見るものに新しいものはない。ときおり、私はそうしたことに船酔いする「吐き気をもよおす」。人生は苦痛ではないが空虚だと思っている人は少なくない。

セネカの嘆きは、繰り返しに対する「この世に、新しいものは何ひとつない」(旧約聖書「コヘレトの言葉(伝道の書)」1:9)という不満であり、明らかに現代的な響きをもっている。逆に言うと、「コヘレトの言葉」は、単調さについての同様の嘆きを、セネカ以前に記していたといえる。「コヘレトの言葉」の語り手は、大きな富と名誉を獲得するまでのあらましを述べたあとで、次のように書いている。

「だが、この手がしてきたことのすべてを、そして私が苦労の果てに得たものをかえりみたとき、何もかも意味がなく、風を追いかけてきたようなものだった。この世に、人が得られるものは何ひとつないのだ」(「コヘレトの言葉」2:11)

セネカとコヘレト、二人の不満からは、退屈を構成する二つの要素が明らかになる。一つ目は、不快な経験であること。二つ目は、意味を感じられず、生きていることが空虚に思えることである。トゥーヒーは、2世紀の、あるローマ帝国の村の逸話を紹介している。その村では、耐えがたいほどの退屈からなんらかの方法で村人を救った役人を顕彰《けんしょう》したという。

日々のつとめへの意欲を失うことに起因する退屈は、中世にも蔓延《まんえん》していた。学者によれば、退屈という名前で理解されるようになったものの起源は、ラテン語の*acedia*《アケーディア》だという。*acedia*は、修道院の生活の土台となる精神的修行に対する熱意の欠如を意味していた。死者の埋葬といった儀式の意義が感じられなくなる、物憂い、精神的な倦怠感である。

「真昼の悪魔」と呼ばれる日課の際限のない繰り返しは、世間から隔絶された生活を送る修道士たちを、無気力と動揺が奇妙に混ざり合った精神状態（本書にたびたび登場する）に追いやった。セネカや修道士たちによって、単調さと無意味さがもつ過酷な性質に光が当てられたが、それ以上にはっきりしたのは、退屈がはるか昔から人間とともにあったことである。ディケンズがその言葉を使ったのは、ごく最近にすぎないのだ。

退屈がようやく心理学の視点から探究され始めたのは、19世紀の半ばから終わり頃のことである。心理学の歴史にはよくあることだが、まず着手したのはドイツ人だった。当時は人類学者として知られていたテオドール・ヴァイツと哲学者のテオドール・リップスは、ドイツ人が*Langeweile*《ランゲヴァイレ》(文字どおりの意味は「長いあいだ」)と呼ぶものの研究を行った。ヴァイツは、退屈を思考の流れに関連づけて捉えた。ある考えが別の考えを生み出すとき、私たちはその思考の流れがどこへ向かうのかを予測する。退屈が生じるのは予測がはずれたときであり、思考の流れが止められて立ち往生した状態が退屈だとヴァイツは考えた。一方、リップスの解釈は、「激しい心理活動」への欲求と「刺激が与えられない状況」との葛藤を経験したときに退屈が生じる、というものだ。

碩学《せきがく》のサー・フランシス・ゴールトンや哲学者のウィリアム・ジェームズといった、英語圏の心理研究の先駆者たちも、退屈に関して同じような考え方を追究した。ゴールトンは、中世の修道士たちが「真昼の悪魔」と呼んだ心的動揺を一つの概念として捉えた。また、人間とその行動を計測する方法を常に探っていたゴールトンは、つまらない科学の講演の最中に聴衆が体を前後に揺らしたり、そわそわしたりする状態を、心的動揺と退屈の兆候だと記した。ジェームズは、20世紀への変わり目に行った講演で「取り返しのつかない単調さが世界を覆い尽くそうとしている」と嘆いた。彼は、単調さとそれにともなう退屈を生み出すのは、「質」を犠牲にした情報の「量」の増大だと考えていた。

こうした退屈に関する初期の説明は、どれも、自分が満足できる活動をしたいのにそれができないでいる不快感を示唆している。すべての説明が強調するのは、退屈の本質が、人間が精神的に空虚な状態のシグナルだということだ。

実存主義者のジレンマ

ジェームズの「取り返しのつかない単調さ」と、単調さがもたらす吐き気についてのセネカの嘆きは、どちらも、退屈を経験する際に必ず含まれる一つの要素を示している。それは、物事に意味がないという感覚である。人生の不条理から生まれる不安を探究する学者たちのなかで、退屈における意味の役割に初めて体系的に取り組んだのは、実存主義[*1]の哲学者たちだった。

厭世的な実存主義の先駆けであるアルトゥル・ショーペンハウアーは、世界の根底にある現実が最も直接的に現れるのは、欲求の身体的経験だと考えた。言い換えれば、人生は、何かを求め、それを得ようと努力し、遠くからあこがれるということだ。もし人生があこがれの連続であれば、私たちが抱く欲求が、満たされ続けることはない。一つの欲求が満たされると別の欲求が生まれ、欲求自体は常に存在するからである。幸福とは欲求から一時的に逃れることなので、いつでも目の前にある。だが、幸福が訪れると、たちまち新たな欲求が現れる。だから、私たちは、絶え間なく現れる欲求のために、ほとんどの時間を苦しんで過ごすように運命づけられている、とショーペンハウアーは言う。結局、私たちの前にはみじめな二つの選択肢しかない。欲求が満たされずに苦しむか、追い求める欲求がなくて退屈するか、どちらかなのだと。

デンマークの哲学者で実存主義の父ともいえるセーレン・キルケゴールも、退屈を、意味を見つけたり生み出したりするための努力と結びつけた。私たちは、適切な意味を見出せないとき、貧弱で何もできない自分の姿をかいま見る。キルケゴールは、主著『あれか、これか』のなかで、語り手の快楽主義者に次のように書かせている。「退屈は存在のなかをうねって進む無の上に乗っている。退屈がもたらすめまいは、底知れない深淵をのぞき込んだときのめまいのように果てしない」

キルケゴールが伝えようとしたことの一つの解釈は、「退屈は諸悪の根源である」というものだ。人間はどんな代償をはらってもそれを避けようとするからである。実際は、退屈から気をそらそうとすると、人はますます退屈に支配される。もし、人間が「退屈から逃れたい」という欲求に強くとらわれなかったら、私たちは違った生き方を退屈から学べただろう。そして、人生の目的への情熱的なコミットメントが私たちを導いてくれたはずだ。実際『あれか、これか』の後半では、私たちが、快楽主義者からもっと倫理的な存在に変わることを選べば、退屈はそれほど厄介なものではなくなると

＊1　西洋哲学において、主体的で個性的な人間独自の存在や本質を中心に置く思想。孤独・不安・絶望などを問題とし、自由と責任を強調した。文学・芸術、精神科学を含む幅広い思想運動として展開されてきた。

訴えている。

退屈を定義するうえで考慮すべき最後の実存主義者は、マルティン・ハイデッガーである。ハイデッガーは、まず、駅で2時間遅れの列車を待つために座っている状態を想像してほしいと言う。駅の構内を見渡しても安直な気晴らししか見つからない。一冊の本や電話があるが、それでつぶせるのはわずかな時間で、結局、待つことから気をそらす新たなものへの欲求は残る。ハイデッガーはこれを「浅い退屈」と呼び、得られないものや事象に対する退屈とみなした。別の言い方をすれば、時間がだらだらと過ぎるということだ。

次に、ハイデッガーは、懇親会のような場にいるところを想像してほしいと言う。なごやかで気軽なもよおし、たとえば最近退職した人を祝う職場のパーティーだとしよう。集まった人々は、時事問題について意見を交わし、お互いの子どもたちの最近の成績やちょっとした欠点を語り合い、カナダであれば天気の話題にかなり長い時間を費やす。そうやって過ごした時間が、とても楽しかったとしても、あとになると、まったく意味がなかったと気づく。おそらく夢中になっていたのだろうが、有意義だったとみなせるものは何もない。そんなとき、私たちは時間を浪費したと感じる。これが「そこにある退屈」である。列車を待つなどといった特定の事象と直接結びつかない退屈のことだ。しかし、ハイデッガーにとって最も重要なのは、退屈の第三段階となる「深い退屈」である。この退屈には対象も原因もない。深い退屈は、時間を超越したある種の空虚であり、なかをのぞくと恐ろしい現実が見える。

遠い昔から、退屈は日々のありふれたルーチン（セネカの言う「夜が昼を押しのけ、昼が夜に取って代わる」）と結びつけられてきた。そして、現在にも未来にも、完全な満足を与えてくれそうなものが何一つないために、私たちの日々の奮闘が意味のないものに感じられるのである。ここに退屈のアイロニーがある。退屈は、存在の本質的な無意味さを暴露する一方で、新しく、意味があるもの、すなわち私たちが満足を期待するものの果てしない追求へと私たちを駆り立てるのだ。

精神分析では「退屈」をどう捉えているか

実存主義者が、退屈を意味の欠如が引き起こす問題とみなしたのに対して、精神分析学者は、退屈を不安が生む問題を解決するものと捉えた。

古典的な精神分析学の考え方によれば、何層もの社会化の下に埋もれた根源的欲求が不安を生む。私たちがそうした欲求に気づくと自己意識が脅かされ、社会秩序も危険にさらされる。人間は自分の欲求を恐れているのだ。一つの対応策は、単純に、好ましくない欲求を心から排除することである。だが、結果として残るのは、何かをしたいという強い感覚と、それが何なのか正確に言えないことのもどかしさだ。人間は、欲求の詳細を潜在意識という地下牢に閉じ込めている。だから、何かを求めている感覚があるのに、具体的な欲求の対象がわからない状況に直面すると、落ち着かない緊張感を覚える。そして、欲しがっている状態を無理やり抑えてくれるものを見つけるために外の世界に目を向けるという、無益な試みをするのだ。つまり、退屈は、人間が情動を暴走させないためにはらう代償なのである。

ラルフ・グリーンソンは、初期の精神分析学に基づいて、退屈を「手持ち無沙汰で、かき乱された状態」と特徴づけている。グリーンソンは、抑うつの衝動を抑える必要から退屈におちいる患者について記している。実際、患者から退屈を取り除くと「重い抑うつ反応を示すか、衝動に支配された行動に走った」。そのことから、グリーンソンは次のように主張する。「緊張や空虚感は一種の飢え、つまり刺激への飢えだと思われる。本人は自分が何に飢えているのかわからないので、外の世界に目を向け、見つからない目的と対象、あるいはどちらかが得られることを期待する」

精神分析学派にとって、退屈は、より深刻な心理的問題の回避を意味する。だが、それは別の意味で行き詰まる。どんなことをしようと考えても、原初的な欲求とはかけ離れているので、決して満たされないからである。自分の情動に気づかないまま、私たちはあてどなくさまようしかないのだ。

実存主義が無意味さに起因する機能停滞に注目するのに対し、精神分析学は退屈と不安の関連性を強調する。人間が不安に対処しようとすると不条理な退屈が生じる、と彼らは言う。イギリスの精神分析学者アダム・フィリップスは、退屈について次のように書いている。「それは、物事が始まるが何も起きないために期待が宙づりになった状態であり、きわめて不条理で逆説的な願望をはらんで拡散していくいらだちであり、欲求を求める願望である」

これは、レフ・トルストイの小説『アンナ・カレーニナ』の一節、「退屈――欲求への欲求」の言い換えだ。だからこそ、真に求めているものによって私たちが追い詰められると、必ず退屈が生まれる、というのが精神分析学者の主張である。

こうしてみると、生きていることの意味の欠如と根源的な内的葛藤は、人間に特有の問題に思われる。20世紀の社会学者であり、精神分析学者、心理学者、哲学者でもあったエーリヒ・フロムが「人間は退屈できる唯一の動物だ」と言ったのは有名な話だ。だが、本当に退屈は人間だけが経験するものなのだろうか。ペットの猫がレーザーポインターの光を追いかけるのを見ていると、受け入れがたい欲求に関わる実存的な恐怖や不安を経験しているようには思えない。

動物も退屈する？

動物が遊びをするというのは容易に納得できる。トラやライオンの子どもが取っ組み合いをしたり、子象が泥の斜面をすべって、気を許している大人の象たちにぶつかっていったり、シャチが尾ひれでアザラシを空中高くはね上げ、遠くに飛ばしたりするのを見ても、動物が遊ぶというのはうなずけるし、明白なこととさえ思える。遊びの機能についての初期の理論は、遊ぶことを、大人になってから必要なスキルや、社会的な結びつきのなかで重要な役割を果たすスキルの訓練だとみなしていた。だが、それがすべてではない。単に、遊びをする動物の子どもは成長すると狩りがうまくなるとか、友だちがたくさんできるということではないのだ。動物の遊び行動に関する最近の研究では、遊びで得られるのは短期的な優位性であり、それは人間にもあてはまるとされている。遊びはストレスを減らすのである。

動物は遊ぶものだと認め、その理由のなかに人間と共通するものがあると認めるなら、かつて人間に特有のものだと考えられていたほかの現象を動物も経験するという考えを認めるべきではないだろうか。

言い換えれば、動物も退屈するのではないか。もし、動物がストレスに対処するのに遊びが役立つとすれば、遊ぶといった、本来なら選択できる行動が妨げられたときに、退屈が生まれる可能性がある。以前からいわれてきたように、劣悪な環境で育てられた動物には、ストレスの増大やコーピング能力[*2]の低下、脳の発達不全まで、有害な影響が表れる。また、逆も成り立ち、変化に富んだ環境は神経の発達を促進する。ここで重要なのは、動物のストレスが増大した結果、刺激の少ない環境で飼育されている動物は退屈によく似た行動を示す、と考える研究者が現れたことである。スコットランド・ルーラル・カレッジの科学者フランソワーズ・ヴェメルスフェルダーは、長年にわたり、動物は実際に退屈することがあると主張している。彼女は、捕獲された動物が入れられる閉鎖的な環境が元凶だと考える。そうした監禁状態では、動物の行動の選択肢が明らかに限定される。決まり切った紋切り型の行動しか選べないのであれば、選択肢はあってないようなもので、こうした状況は野生であれば普通に選べた行動を反映していない。本書の一貫したテーマでもあるが、人間が退屈したとき、私たちは主体感の危機に直面する。主体として自分の生き方を選び取る能力が脅かされる、あるいはなんらかの方法で制限されるような感覚を覚えるのだ。

しかし、どうすれば、動物が、ほかのことではなく、まさに退屈を経験していると判断できるのだろうか。

ゲルフ大学のレベッカ・マハーとジョージア・メイソンは、飼育下繁殖した黒ミンクを対象に、快感消失、[*3]アパシー、[*4]退屈の三つを弁別する研究を行った。快感消失は、人間では抑うつと関連づけられている。アパシーが退屈と異なるのは、状況を改善しようとする動機づけの低下と興味の欠如を示すという点である。一方、退屈は「何かをしていたい」という強い動因[*5]によって特徴づけられる。わかりやすくいうと、快感消失状態の人は喜びを感じられず、アパシーの人は何にも興味を示さず、退屈している人は何か

＊2　ストレス低減のための認知的・行動的試みのこと。
＊3　楽しさやうれしさが感じられなくなる病的症状。
＊4　何事にも無関心、無気力な状態。
＊5　行動を活性化し、目標に向かって方向づけ、維持する内的要因のこと。欲求、好奇心などに代表される。

に没頭したいという欲求をもっている。もちろん問題なのは、「退屈(やアパシー、快感消失)におちいったら教えてくれるように」と動物には頼めないことである。だが、新奇の刺激を与えたときの反応を評価することはできる。マハーとメイソンが行ったのはまさにそれである。

実験は、黒ミンクを二つのグループに分けて行われた。通常型のケージに入れられたミンク群と、より多様な探索行動ができる改良型ケージに入れられたミンク群である。一定の期間が経過したあと、両方のグループに3種類の物体を提示した。それぞれ、嫌悪効果がある(捕食者の臭い)、報酬効果がある(動く歯ブラシ：猫にとってのレーザーポインターにあたる)、どちらともいえない(ペットボトル)と分類される物体だ。そして、ミンクが初めての物体と接触するまでの時間、接触の持続時間、接触量を計測する。

理屈はこうである。アパシーの個体ならば、すべての物体について興味の減少が見られるはずだ。それに対し、快感消失を示す個体は、報酬が得られると思われる対象への興味だけが減少する。つまり、その個体は快感を得られないため、通常なら喜びを感じたり、正の報酬が得られたりするような物体に近づかない。退屈している個体では、状況が一変する。研究者は、退屈している個体は、ありとあらゆる対象に見境もなく関わろうとするはずだと考えた。言い換えると、もし、通常型ケージのミンクが本当に退屈しているなら、どんな新しい物体でも、「世界に没頭したい」というミンクの要求を満たすということだ。研究者は、ミンクがどの種類の物体と関わりをもったか、物体と接触できるようになったときにどれくらい早くそこに行ったかを調べた。

通常型ケージのミンクは、すべての種類の物体に対して、改良型ケージのミンクより早く接触した。捕食者の嫌悪臭を含めてである。ミンクは、抑うつや無関心状態になったのではなく、刺激が欲しくてたまらなかったと考えられる。これは、明らかな退屈の表れだ。消費行動（〝ごほうび〟をどれだけ食べたか）も計測されたが、通常型ケージのミンクは、改良型ケージのミンクよりも多くの〝ごほうび〟を食べた。食べることで退屈を紛らすのは人間も同じだ。「退屈」という言葉を使うのを控えたとしても、この研究は、刺激の少ない環境で飼育された動物が、新たに行動のきっかけを与えてくれるものに敏感になることを示している。

もちろん、これらの結果はすべて飼育された動物に関するものだ。では、野生の動物は退屈するのだろうか。その可能性は高いが、短い時間だけだろう。束縛のない自然環境では、動物は次にする行動を自由に選ぶことができる。それに反して、飼育されている動物は環境によって行動が制限されるので、単調な生活を送る運命にある。彼らは檻に入れられ、野生状態であれば普通に行っていた一連の行動ができない状態に置かれている。

だから、人間と動物に共通して重要なのは、自分の行動を自分で決め、思いどおりに世界に没頭することである。私たちは、自分にとって大切なものに基づいて、自由に選択しなければならない。

だが、多様性と興奮が大きければよいというものではない。実際、選択肢が多すぎたり、刺激的なことが続いたりしてコントロールできなくなった状態は決して快適ではない。不安障害[*6]や、躁病[*7]のようにさえ感じられるかもしれない。

不可欠なのは選択である。選択をするためには、ある行動が別の行動より重要だとか、より大きな満足が得られると判断しなければならない。動物は、人間と同様に、さまざまな行動に好ましさに応じてタグづけをすることが研究によって示されてきた。動物が、どのように自己表現するかについて選択するのであれば、動物も退屈する可能性がある。だとすると、飼育されている動物が退屈するのは、その環境で可能な行動が制限され、正常なスキルおよび能力の使い方と合っていないからである。もし、今どこにいるかが原因で、自分が何者であるか（あるいは何ができるか）を十分に表現できなければ、退屈は人間にも動物にも訪れる。

退屈しているときに脳で起きていること

ここまで述べてきたように、私たちの退屈の定義は、退屈には長い歴史があり、それ

＊6　強い不安から、心身にさまざまな不快な変化が起きる障害の総称。心的症状として強い不安、イライラ感、恐怖感、緊張感など、身体的症状として発汗、動悸、頻脈、胸痛、頭痛などが生じることがある。

＊7　気分が高揚し、万能感に満ち、体中がエネルギーに満ちあふれたように感じて、上機嫌で饒舌になったり、いろいろな考えが次々にわいて、じっとしていられなくなったりする。

が人間特有のものではないことを含んでいる。退屈は、人間の生物学的特性に関わる基本的事実なのだろうか。退屈の生物学的特徴を突きとめようとする研究は、さまざまな角度からこの問題に取り組んでいる。心拍数などの生理的測度の変化に着目したアプローチや、脳の電気信号を計測する試み、機能的脳スキャンを使って、活動している脳のネットワークの働きを調べる研究もある。だが、こうした研究はすべて揺籃《ようらん》期にある。研究者たちは、神経系に表れる退屈の特徴をもっと深く理解するために、心のなかをのぞき始めたばかりである。

私たち自身も、退屈に関係する脳の活動の核心に可能なかぎり近づこうとしてきた。これまでに行った研究では、MRI[*8]に入った被験者に2種類のビデオを見せ、視聴中の脳をスキャンした。ビデオの一つは被験者を退屈させるようにつくったもので、二人の男性が8分間、ひたすら洗濯物を干す様子が映っている。もう一つは、英国放送協会(BBC)が制作した人気ドキュメンタリー番組『ブルー・プラネット』シリーズで、退屈とは縁遠いものだ。

実験の結果はとても興味深いものだった。退屈の特徴として表れたのは、「脳がどれほど顕著に活動しているか」ではなく、「二つの独立したネットワークがどのようにリンクしているか」だった。ネットワークの一つは島皮質《とうひしつ》[＊9]である。島皮質には多くの機能があるが、特に、身のまわりで何か重要なことが起きていると知らせる役割をもっていて、人間の心的能力をその情報に向ける手助けをしている。一方、デフォルト・モード・ネットワーク（ＤＭＮ）[＊10]は、外的環境に注意をはらう価値のあるものがないときに活動する。また、ＤＭＮは、人間が意識を内面に向け、思考や気持ちに焦点を合わせるときも活性化する。人間が退屈しているとき、これらの脳の二つの部分、島皮質とＤＭＮは反相関関係にある。つまり、一方の領域の活動が高まると、もう一つの領域の活動が低下するのだ。さらに研究を進める必要はあるが、このパターンは、連続する単調で興味をそそられない事象に没頭しようとして、失敗し続けていることを示してい

＊8　核磁気共鳴画像法（Magnetic Resonance Imaging）の略。核磁気共鳴現象を利用して生体内の構造や代謝に関する情報を画像にする。

＊9　側頭葉《そくとうよう》と頭頂葉《とうちょうよう》下部を分ける外側溝《がいそくこう》に位置する大脳皮質の一部位。

＊10　ぼんやりした際や内的志向の課題遂行中に活性化する、複数の脳領域で構成されるネットワーク。

るのではないかと、私たちは考えている。重要なのは、これら二つの脳の部分が、ただ休んでいるときや、明らかにもっと興味深いBBCのビデオを観ているときとは異なる状態でリンクしていることである。

これらの研究結果を考え合わせると、次のような興味深い解釈が浮かび上がる。退屈している脳は、単に果たすべき役割がない脳なのではなく、「なんらかの役割が与えられる可能性に期待している脳」である、ということだ。今のところ、研究はまだ予備段階で、私たちの結論は事実に基づいた推測にすぎない。しかし、今わかっている事実だけでも非常に興味深く、少なくとも、退屈が人間の生理機能に起因する明確な神経系の状態と関連していることを示している。

「退屈」はどう定義され、どう変わってきたか

退屈は古くから人間とともにあった。ディケンズがそれを巧みに表現するはるか前からである。退屈するというのは、「今、ここ」でまったく身動きができなくなり、自己

決定の情報処理能力をすっかり奪われているのに、没頭できるものを見つけるように駆り立てられている状態である。この20〜30年で、退屈を定義することへの関心が急に高まった。ウィナンド・ファン・ティルブルフとエリック・アイゴウが「退屈の最適な定義は、意味の欠如だ」と言っているのに対し、エリン・ウエストゲイトとティモシー・ウィルソンは「退屈は、意味の欠如と注意の不足の両方の結果だ」としている。トーマス・ゲッツらの研究チームは、教育の分野では種類の異なる四つか五つの退屈があると指摘する。アンドレアス・エルピドルは退屈を肯定的に捉え、何か別のものに没頭するための「後押し」の役割があると考えている。ヘザー・レンチとシェイン・ベンチもその見解を支持し、退屈は、ある状況に対する人間の情動反応が弱まったときに生じ、私たちに行動を起こさせる、と説明している。

だが、「退屈」という言葉で私たちが共有している意味は何だろうか。直接この問題に取り組むために、私たちは、さまざまな分野の専門家や一般の人たちが、退屈という経験をどう捉えているかを詳しく調べた。その結果、あらゆる集団に共通する次のような定義を発見した。「退屈とは、満足を得られる活動に没頭したいのに、それができないときに生じる不快感である」

退屈は、私たちが精神的能力を何かに傾注したいのに、それができなくて、心が空虚なままになったときに起こる気持ちである。人間が自分の情動を感じ取ることはよく知られているが、自分の思考を感じ取っていることはめったにかえりみられない。私たちがここで注目しているのはそのことである。重要なのは、人間が「何を考えているか」ではなく、「どんなふうに考えているか」だ。読んでいる文章がすんなり理解できたり、難しい問題が解けそうになったり、何かに夢中になって時間が過ぎるのを忘れたりしたときの、好ましい気持ちを考えてみてほしい。それに対して、精神的な努力を強いられるときは、ひどく嫌な気分になるだろう。退屈を、「思考を感じ取ること」と定義したのは私たちが最初ではない。その発想のルーツは、テオドール・ヴァイツの「退屈は、思考の流れが止められることから生じる」という見解である。最近では、ジーン・ハミルトンらの研究チームが、退屈は「注意が向けられた、認知的情報処理行為」から生まれるという説を唱えている。

注目してほしいのは、私たちが、退屈は思考のプロセスに関連する気持ちだというき、意識して「情動」といわないことである。一般に、情動は、気持ちとは違い、複数の要素で構成されると考えられている。情動は、基本的要求に関連した出来事によって誘発され、その出来事に対応した反応を準備するように働く。一方、思考を感じ取るという意味での退屈は、情動と同じような形で外部の事象と結びついているわけではない。退屈は、進行する認知プロセスを感じ取る経験である。

だとすれば、人間が退屈を感じるとき、心の中では何が起きているのだろうか。私たちは、そこに二つの潜在的メカニズムが働いていると考えている。

第一に必要なメカニズムは、人間が「欲求にとっての難題」、つまり、「何かをしたいが、何もしたくない」という難問にとらえられることだ。そうなると、何かをするための欲求を奮い起こせなくなる。人間は別の状況を望み、その意味でフラストレーションを感じるが、選択できることに対する欲求をふくらませることがどうしてもできずに、退屈するのである。

第二に必要なメカニズムは、人間の精神的能力やスキル、才能が使われないままになっていることである。精神的に空っぽになっている状態だ。

これら二つのメカニズムが両方とも働くときに人間は退屈し、働かないときには退屈しない。また、どちらのメカニズムも互いに正の方向に強化する。はっきり言うと、これらのメカニズムは退屈の「原因」ではなく、退屈「そのもの」なのだ。事実、私たちは、退屈を情動として定義するのを意識的に避けたのと同じように、退屈を原因という観点から定義するのを意識的に避けてきた。

退屈は、没頭していないように感じられる状態である。では、「没頭していない」とはどういうことだろうか。

私たちが、人が没頭していないというときは、その人の心的能力が十分に利用されていないことを意味する。「ある時点で、心的情報処理能力がどれだけ使われるか」を決める要素は二つある。その活動が必要とする処理能力と、行っている作業に使う処理能力である。ほかのことよりも没頭できる活動もあるし、すべての能力を使う必要のない活動もある。

3という数字をこれから30分間覚えておくところを想像してみよう。そんなに難しくないはずだ。実際、非常に簡単なので、多くの心的情報処理能力を使わないまま残すことになる。そのとき、使われていない心的情報処理能力を振り向ける先を見つけなければ、退屈する可能性が高い。一方、「今まわりで起きていることに注意を向けたくない」と思えば、どんなに複雑なことに出合っても、心は空っぽのままである。だが、目下の活動が非常に簡単なときや、目の前にあるものに集中できない場合は、自分の内的な思考に没頭することがある。

進化は、私たちを、認知資源が十分に活用されていないときに退屈の不快感を経験するようにつくりあげた。その結果、私たちは、体に栄養が足りないときに空腹感を覚えるのとちょうど同じように、心に精神的な栄養が足りないときに情動的不快感を覚えるのだ。そして、私たちは状況を改善するように動機づけられている。つまり、生物としての人間は、心的な没頭を求めるようあらかじめ傾向づけられており、退屈は、私たちにその没頭の追求を維持させるためのシグナルなのである。私たちに没頭を求めさせる動因は、スマートフォンのように簡単に人の心を奪う機械が発明される前は、もっと一様に適応的であった。しかし今は、私たちの心を独占する、いつでも使えて、魅力的で、手軽で、簡単な手段がいくらでもあるので、退屈する苦痛を回避するという動因は、私たちを暗闇に導く可能性がある。

「私たちは生まれつき精神的な没頭を追求するようにできている」という主張を、私たちに精神的な努力が必要とされている、という意味にとってはいけない。実際は、その逆が真実であるように思える。つまり、「何でも同じなのだから、簡単に没頭できるものを探そう」と考えているように見える。私たちは「認知的倹約家」なのだ。心を独占することには必ずしも大きな努力を必要としない。リラックスし、特定の事柄について考えようとせず、心をただよわせていても、精神的に没頭できる。「宝くじが当たったら、当選金を何に使おうか」と思いをめぐらすことと、「首相や大統領になったら何をしようか」と計画を立てることとは、ほとんど努力を必要とせずに心を占めることのできる夢想の典型である。

退屈が迫っていることを明らかに示す兆候は、不快感のほかに四つある。これらの兆候は、厳密には定義に含まれないが、退屈という経験の主要な要素である。

私たちが気づく第一の兆候は、時間がのろのろと進むことだ。ドイツ語で退屈を意味する*Langeweile*は、その経験を一言で言い表している。心を占めるものが何もないと、私たちは唯一残されたものに頼る。時間の経過を追うことである。運転免許を更新するために、自分の番号が呼ばれるのを待っている状況を思い浮かべてほしい。椅子は座り心地が悪く、まわりにいるのは、がやがやと話しながら同じように順番を待つ赤の他人だ。エアコンは故障している。ディスプレイの案内表示が変わっていくのを見るほかにすることがない。時間がのろのろと過ぎていく――。

退屈の第二の兆候は、集中するのに努力が必要となることである。単調さに直面し、望むような選択肢がないとき、注意は衰え、心はさまよい、退屈が生まれる。ひたすら耐えてきた果てしなく続く会議を思い出してほしい。今月の数字が意味するもの、あるいは、上層部が病欠日数が１％上昇した原因をどう見ているのかということに注意をはらわなければいけないのはわかっている。だが、どんなに頑張っても神経を集中させることができない――。

第三に、退屈すると、何をしていても意味がないように感じられる。言い換えれば、没頭できない活動や、しようという気持ちになれない活動は、ほとんど意味がないということだ。病欠日数がほんのわずか増えたことについて、えんえんと続く会議のあいだは、注意をはらうのが難しいだけでなく、すべてが膨大な時間の浪費であり、取り戻せないもののように思えるのである。

第四に、退屈は、無気力と落ち着きのなさが一緒になったものと結びついている。退屈すると、エネルギーレベルがさまざまなところで変動する。ある瞬間は、力なくソファに横になっていて、ほんのわずか体を動かすこともおっくうに感じる。次の瞬間には、ひどく興奮してリビングルームを歩き回り、することがないか探している。じっとしていられない感じを満たしてくれるものが見つからない。何かに目がとまるたびに心でつぶやく。「いや、こんなんじゃない」

強調しておかなければならないのは、私たちが定義しようとしてきたのは、ある瞬間に、実際に感じられる退屈だということだ。それを、心理学者や社会科学者は「状態としての退屈[*11]」と呼んでいる。本書で、単に「退屈」と書かれているときは、この「状態としての退屈」を意味している。

退屈感を経験する頻度や、感じる強さは人によって異なるが、これは、パーソナリティの素質を反映しており、心理学者や社会科学者が「退屈傾向[*12]」と呼ぶものだ。次の章では、状況的要因と性格的要因によって、どのように退屈が引き起こされるかを検討する。だが、原因が何であっても、退屈感とその根底にあるメカニズムは同じである。言い換えれば、退屈に複数の種類はない。そこから、私たちは、退屈という経験の定義は一つだと考える。退屈の種類と定義を増やすのは、議論を混乱させるだけだ。

一つの概念を正確に定義するのは科学者の義務だが、実際には面倒な作業だ。私たちは、デッドロック夫人が初めて退屈と呼んだもののさまざまな顔に、しばらく頭を悩ませてきた。それでも、私たちの暫定的な定義があれば、退屈の原因の解明に取り掛かることができる。

どこで退屈に襲われるかはわからないが、特に危険な場所はある。退屈から完全に逃れることはできないが、ほかの人より苦しむ人はいる。第2章では、外的な状況と内的な性格要因の両方を検討し、退屈という、つかみどころのない心の状態の根源に迫る。

＊11　退屈や不安などの心の変動には、さまざまな要因によって一時的に認められる「状態（state）」と、それぞれの個人がもつ反応傾向である「特性（trait）」があり、それらは異なる性質と基礎をもつと考えられている。

＊12　個人の特性としての退屈のしやすさ、傾性（proneness）のこと。「退屈傾性」とも呼ぶ。

第2章

退屈が存在しない「ゴルディロックスの世界」とは

・・・

朝、起きたときから興奮していた。初めてのカナダ西部への旅行だ。雄大なロッキー山脈やコロンビア大氷河、さまざまな野生動物、それらをすべて見られるのだと思うとワクワクする。西部への旅行は、高校生のときからずっと、人生でやりたいことのリストに入っていた。その反面、飛行機での移動につきものの面倒な規則や手続きにげんなりし、死ぬほど退屈するんじゃないかという不安もあった。

エア・カナダ便のチェックインは簡単に思えた。手間のかかる作業はほとんどネットですませたので、あとは優先レーンを使うような感じだろうと想像していた。ところが、そうはいかなかった。どうでもいいような情報が入力されていないと言われて、問題が解決するのをチェックインカウンターで待つはめになった。30分が過ぎた。そして1時間がたった。担当者はキーボードをすごい勢いで打ち、上役に電話をかけ、ついに搭乗券を渡してくれた。ところが、それで終わりだと思ったら大間違いだった。

保安検査場では一番速く進みそうなレーンを探した。けれど、本当は意味がないとわかっていた。以前、スーパーのレジで同じことをしていたが、決まって前のおばあちゃんのところで進まなくなったからだ。おばあちゃんは、かたくなに10セントや5セント硬貨ではらおうとして、世界一小さな小銭入れから一枚ずつ苦労して取り出すのだ。でも、やってみなければわからない。一番右のレーンがスムーズに動いているように見えたので、そっちに移動して列に並んだ。

前にどんな人がいるかよく見なかったのだが、そこにいたのは、機内持ち込み用のバッグを一人が三つずつ持った家族だった。おまけに、それぞれのバッグが、こっちの手荷物が全部入るほど大きい。保安検査員はすべてを検査する必要があると判断した。いくつもの小さな化粧品の容器や、明らかに容量制限を超えているボトル入りのシャンプーとコンディショナー、ふたのついたマグカップ、いくつもの紙パックジュースとペットボトルの水。今の空港がどういう状況なのか知らないなんて、いったいどこの山奥で暮らしていたんだろう。それらは全部検査され、押し問答の末に（当然、彼らは怒ったが）処分された。優先レーンのはずだったのに、もはや動いていないのも同然だった。

保安検査場を通過してもイライラはおさまらなかった。搭乗前に手荷物に入れておいた小説にひたって、幸せな時間を過ごそうと思っていたのに、なぜか、もう読む気がしない。出発ロビーの反対側から雑誌を取ってくるか、免税店で買い物をすればいいのかもしれない。いや、ダメだ。どれもうまくいかない。そう確信すると、座ったまま固まってしまう。したいことが何もないのに、何かをしていたくてたまらない。だが、結局できるのは待つことだけになり、一つだけ残された意味のあるものに注意を向けざるを得なくなる。のろのろとした時の歩みだ。とめどなく繰り返す波のように、退屈が押し寄せてくる。

・・・

「元気出して」と、私たちは退屈している人に言う。あるいは、効果があると思うことを挙げて、やってみるようにすすめる。本を読むといいよ。ちょっと走ってくれば?

テレビでも観たらどう？　友だちに電話しようよ。そうしたこと、要するに、外に目を向ければ没頭できるものが見つかる可能性が大きいことは、本人もとっくに知っているのだ。私たちが退屈している人を見て示す反応から明らかになるのは、退屈の根底にあるメカニズムと退屈が生まれる原因について、私たちが何も知らないことである。

退屈している人は、没頭のために複数の選択肢があるのは嫌というほどわかっている。彼らは、そもそも、そうした選択肢のどれにも没頭できないのだ。できるならしているだろう。退屈が行動を起こせないことだとすると、退屈している人に行動を起こすように言っても、魔法でも使わないかぎり効果はない。泳げない人がおぼれているときに、「岸まで泳げ」と言う人はいないだろう。

退屈の原因を究明するのは容易ではない。発生の仕組みが複雑なのだ。先に述べたように、人間が退屈しているときには、二つのメカニズムが働いている。認知能力が十分に利用されないことと「欲求にとっての難題」である。退屈の原因には、一方のメカニズムが直接関わるものもあれば、もう一方のメカニズムが関わるものもある。この章の目的は、因果関係を逆にたどって、退屈のさまざまな原因を解明することだ。その第一歩として、まず、退屈感の根底にあるメカニズムを説明しよう。

退屈は、心が空っぽな状態に関わる苦痛であるとともに、私たちが「欲求にとっての難題」と呼んでいるものに関わる苦痛でもある。退屈している人は、精神が何にも没頭していない不快感に苦しんでいる。考えたり、感じたり、想像したり、していることが何だろうと、その人の認知資源を十分に使えていないのだ。また、退屈している人は「何かをしたい」と思っているのに、何も始めることができない。一種の出だしのつまずきである。出だしのつまずきは、人を身動きできない状態にする。「何かをしたい」という欲求があるのに、欲求を「その場ですぐできる行動」に結びつけられないのだ。だから、退屈は、漠然とした、対象のない飢餓感といえる。トルストイのいう「欲求への欲求」である。

退屈は、いくつかの点で「のどまで出かかる現象」に似ている。ある映画に主演した男優の名前がのどまで出かかっているのに、完全には思い出せない、あの感覚だ。「メル・ギブソンだったたっけ。いや、そうじゃない……じゃあ、ブルース・ウィリス？　それも違う。そうだ、キアヌ・リーブスだ！」。その感覚は二つの力で構成される。なんらかの欠落と、その欠落を埋めようとする動因である。少なくとも、のどまで出かかる現象においては、俳優の名前にあと少しでたどり着くという感覚があり、最終的には思い出せる。だが、退屈にはそういう楽観的な見通しがない。そのため、空虚さを埋めてプレッシャーから解放してくれるものを見つけようと必死で探しまわる。ジャケットを買うときは、自分にぴったり合うものが見つかるまで試着を繰り返すだろう。それと同じように、退屈している人は、有効な欲求を見つけるために、プレッシャーからの解放とは逆向きの努力をするのだ。退屈すると、人は世界に無理難題を言う。「自分が求めているものが何なのかをはっきりさせてほしい」と、世界に（あるいはそのなかにいる他人に、子どもが自分の退屈を解決してほしいと親にねだるように）期待する。そのときでさえ、自分のスキルや才能を使う対象が見つからないと、また新たな退屈の症状が現れるのである。

その場の状況によって行動が制限されたために、欲求が阻害されることがある。「ヨットに乗りたいのに仕事がある」といった、したいことができない状況や税金の申告など、したくないことをしなければならない状況がそれに当たる。どちらの状況を特徴づけるのも欲求不満であって、退屈ではない。欲求不満になったり、自分が望む形で世界に没頭することが妨げられたりすると、最後には退屈が生じる可能性があるが、必ず退屈におちいるとは限らない。没頭することに関する選択肢が制限された状況に置かれると、私たちはほかの選択肢を探す。それでもなお、その瞬間にできる行動のなかに自分が望むものがない場合がある。このとき、二つある退屈の主要なメカニズムの一つ、「欲求にとっての難題」が成立し、間を置かずして第二のメカニズム、「心の空虚化」が起こる。両方が働くと、人は退屈する。

この状況では、人はまず、自分のしたいことができないために欲求不満になり、与えられた選択肢のなかにしたいことがないために退屈するのだ。それ以外の場合では、おそらく嫌々だろうが、目の前にある選択肢のどれかに取り組むことになる。選択肢にあるのは、引き続きつまらない作業（税金の申告書の作成）を続けることや夢想（オフィスの窓から外を見て帆走するヨットを想像する）に逃避することだ。うまく作業を続けられたり、心をただよわせて夢想できたりすれば、欲求不満は残ったとしても、少なくとも退屈はしていないといえる。

今の例でわかるように、退屈は欲求不満ではない。欲求不満は「ヨットに乗りたいのに仕事をしなければならない」というように、明確に設定された目標の達成が妨げられたときに起こる。退屈が生じるのは、最も切迫した目標が「目標をもつこと」なのに、目標がまったく現れないときである。退屈している人は、欲していることを満たす条件がわからないまま、欲することに苦しんでいるのだ。

ショーペンハウアーは、この状況を的確に説明している。「獲得したいと思って努力する対象があり、絶えず欲求が満足に変わり、満足が新たな欲求を生むゲームを続けられるならば、その人はかなり幸運だといえる。ゲームのペースが速いとき、それは幸福と呼ばれ、遅いときは悲しみと呼ばれる。そして、勢いが衰えないまま停止すると、ゲームは、気力を奪う退屈として、明確な目標を欠いた命のないあこがれ、生を衰弱させる無気力として姿を現す」

退屈は厄介なジレンマとして現れる。何かをすることを欲し、何かに没頭したいという欲求があるのに、周囲を見渡しても実行可能で満足が得られそうなものがない。これが、私たちが「退屈の難題」と呼んでいるものだ。

欲求そのものを止めるために、眠りに逃げ込んだり、アパシーに身をまかせたり、神にゆだねて心静かに過ごしたりすることはできるかもしれない。「何かをしなければ」というプレッシャーが弱まれば、人はもはや退屈しなくなり「何もしないこと」に満足するだろう。一方で、何かをするように自分に強いて、注意の方向を変え、渇きを満たすこともできる。たとえば、インターネットに逃げ込んだり、朝から何回目になるかわからないゲームアプリをやったり、分厚い古典的長編小説『戦争と平和』の読破にいま一度挑んだりするのだ。

第三の道、つまり「実行できる欲求を見つけること」も考えられるが、私たちが意図してできることではない。それは、起こるものだ。頑張っても眠れないのと同じで、見つけようと努力すればするほど、問題は手に負えないものに感じられるだろう。それでも、眠りやすい環境をつくることはできる。それと同じように、自分が欲するものを見つけるのに適した条件を生み出し、醸成していくことはできる。

だが、そういう努力が成果をあげないこともあるし、のどまで出かかる現象と同じで、少し距離を置いたときに欲求が見つかることもある。ヘルマン・ヘッセの『シッダールタ』にある助言に耳を傾けるとよいかもしれない。「あなたにとって価値のあることを言えるとすれば、それは、あなたは多くを求めすぎていて、見つけようとするあまり何も見つけられないだろうということだ」

こうして、私たちは、心が空虚で、何かしたいと思うものの、自分が何をしたいのかわからない状態におちいる。一言でいうと、退屈するのだ。それにしても、どうして私たちはこんな状態になってしまうのだろう。退屈を引き起こすものは何だろうか。えんえんと続く政治討論、これまでに千回くらい聞いた話をまた聞かされること、職場でいつ終わるともしれない会議の席にずっと座っていることなど、「退屈を生む状況」を挙げればきりがない。確かに、外的な要素は退屈の重要な原因の一つである。細かく言うと、退屈につながる主要な外的要素は四つある。単調さ、目的の欠如、制約、その瞬間の課題と私たちのスキルがうまく合わないことだ。

退屈をもたらす四つの要因

図2・1に示した白黒のカナダ国旗の中心にある点を30秒見つめたあとで、下の空白の中心にある点を見ると、人間の脳について重要なことがわかる。脳は一つのものを長時間凝視するのが苦手なのだ。あなたに見えている画像、つまりコントラストが逆になったカナダ国旗は「順応効果」[*1]と呼ばれる現象が生んだものである。ここからは、人間の基礎的な感覚系でさえ、最適に機能するためには変化と多様性を必要とすることがわかる。

変化と多様性の対立概念である「単調さ」は、研究者によって調査された退屈の外的要因の一つであり、その発端は職場だった。第一次世界大戦と第二次世界大戦のあいだに労働力のシフトが起き、労働の性質が、体力を要する危険な作業から、工場での反復的で機械的な軽作業へと変わった。労働者は、次第に、長時間にわたる同じ単純作業の繰り返しをさせられるようになったのだ。

イングランドの主席工場医務監察官J・C・ブリッジは、1931年に、労働者が置

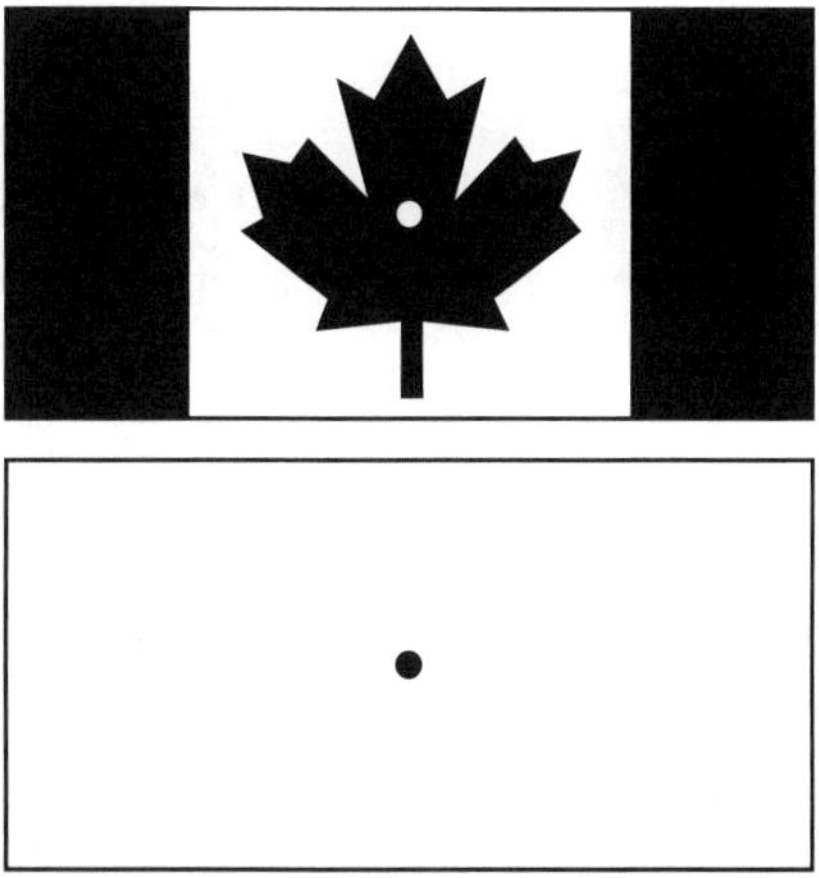

図2.1　カナダ国旗の順応錯覚。まず、カナダ国旗の画像にある小さな白い点を30秒間凝視する。凝視する時間が長ければ長いほど、また、上手に点から目をそらさずにいられるほど、錯覚は強くなる。次に、下の空白にある小さな黒い点を見る。先ほど見たものの明暗が反転した画像が見えるはずだ。

かれた苦しい状況について、次のように書いている。

機械化されたプロセスが着実に増加することによって、職人としての喜びが打ち砕かれつつあるのは事実である。その結果は「神経障害」の罹患率が上昇す

＊1　一定時間、同じものを観察すると残効が生じる現象。初期過程レベルでの疲労や活動性のバランスの変動によって生じると考えられる。

る傾向に表れている。……反復のプロセスが生み出す疲労が、労働者の身体に表れるのではなく、仕事で強いられる退屈から一時《いっとき》でも解放されたいという欲求に表れているのは、疑問の余地がない。退屈は、人間の心を、部分的あるいは全面的に空虚にする。……もともと退屈なプロセスに対する興味を、さらに生み出さなければならないのだ。この問題に関して、労働者を選別しても大きな効果はあがらない。単調な作業に適した労働者に比べて、単調な作業の量が多すぎるのである。

単調な作業が退屈なのは、注意は必要とするものの、心的資源を占有しないからである。組立ラインを監視して欠陥部品を見つけ出す作業は、私たちの心的能力をすべて使うわけではない。だが、空想し始めた瞬間、あるいは「夜は友だちや家族と何をしようか」と思いをめぐらし始めた瞬間に、欠陥部品は私たちの目をかいくぐって通りすぎる。それが問題なのだ。退屈で単調な作業は、私たちが注意してやり遂げるのに十分なだけの心的処理能力を必要とするが、その容量は「没頭したい」という私たちの要求を満たすほど多くはない。

産業心理学や組織心理学のパイオニアであるヒューゴー・ミュンスターバーグは、おそらく、職場に単調さの問題があることを指摘し、研究した初めての学者の一人である。ミュンスターバーグは、職場における退屈を「画一性と変化の乏しさに対する主観的嫌悪」と捉えた。彼の見解では、単調さは客観的な環境の質ではなく、個人的な判断の結果である。つまり、ある人にとっては単調でも、別の人にとっては多様になり得る。ミュンスターバーグは、同じ形の部品を1日に3万4０００個つくっていた驚くべき人物について記している。その労働者は、14年間にわたり、就業日には毎日、金属片を適切な速度と角度で慎重に自動ドリルに差し込み、正確な位置に穴を開け続けた。ミュンスターバーグは、客観的に見て、これは耐えがたいほど退屈な仕事に違いないと考え、本人にインタビューした。驚いたことに、その労働者は「少しも退屈していない」と語った。本当にその仕事は面白いし、刺激的だと言うのだ。彼は、年月がたつほどにますます仕事が楽しくなってきたとまで言った。驚いたミュンスターバーグは次のように記している。

私はこんなふうに解釈した……複雑な動作が徐々に自然とできるものに変わり、反射運動のようになった結果、思考をほかのことに向けられるようになったのだと。しかし、彼はこう説明した……今でも、目の前の作業に専念しなければならないと感じている「それは、開けた穴の数に応じて支払われる賃金をできるだけ増やすためだ」が……満足しているのは賃金のせいだけではなく、作業そのものに喜びを感じるからだ。

単調な作業は、この労働者にとって本質的な価値と付帯的な価値の両方をそなえていて、彼にはどちらも大きな意味があった。しかし、だれもが反復的な作業に目的を見出せるわけではない。この問題は、退屈の四つの要因の二つ目、「目的のない活動」へと私たちを導く。反復的な行動が単独で退屈の原因になるわけではない。退屈が生まれるためには、「感じ取れる価値の欠如」をともなう必要がある。穴開け作業のケースでは、労働者は、一見すると彼の心を捉えるものがないように見える作業に専心することができた。彼は、仕事に精を出せば出すほど、深く仕事に没頭するようになった。注意をはらっているとき、人間は小さなことに気づく。何かに気づけば、もう一度見たくなる。そして、いつの間にか、ほかの人は見つけられないか、つまらないとしか思わない微妙な違いまで理解できる専門家になっている。それが、退屈を消し去る、動機づけられた注意の力である。そうした動機づけがないと、単調さによって退屈は増す。

だから、私たちは根拠があれば、退屈な状況を価値あるものに変えられる。ミュンスターバーグが注目した工場労働者にとっては、それがお金という強力な動因であり、家族を養うことだった。最近の研究によれば、人々を動かす理由は、その作業が「健康によい」とか、「テストの成績の向上につながり、将来の就職の可能性が広がる」といった単純な確信である。何かをするための説得力のある理由が見つかれば、見つからなければしたいと思わなかったことを欲するようになるのだ。

だが、何かをするように強制されているが、理由がまったく見つけられない場合はどうだろうか。この問いは、私たちを、退屈の三番目の要因、「制約」へと導く。何かをするように強いられたり、何かをするのを妨げられたりすることは、確実に退屈につながる。

すでに1937年には、ニューヨーク市立大学（現ニューヨーク市立大学シティカレッジ）のジョセフ・バーマックが、制約と退屈の関連に言及している。彼は、退屈を「過充足」の状態、すなわち、人間が「やめたい」と思う限度を超えて何かをし続けるように強制されたときに起こる気持ち、と捉えた。実際、単調さを取り上げた初期の研究は、職場の制約のもとでの退屈に関するものだった。

単調さと制約は、互いに養分を吸収し合って成長する。制約が長く続くと、人間のエネルギーレベルは低下する。行っている作業の、反復的で変化のない性質に対する一種の馴化《じゅんか》[*2]である。

データ入力のような作業をしているところを想像してほしい。何時間もかけてスプレッドシートに数字を入力するのだ。従業員の今月の就業時間の入力にしろ、在庫変動の追跡にしろ、興味を維持できるような作業ではない。覚醒水準[*3]が大きく低下して、うとうとし始める。もちろん、そうなっても問題のない環境もあるだろう。仮眠をとるか、ネットサーフィンでもすればいい。だが、その作業が放置できないものだったら、エネルギーレベルを上げる手段を見つけなければならない。さもないとミスが起きるだろう。すべての職業で仮眠ができるわけではない（航空交通管制を考えてみよう）。体を細かく動かすことで覚醒水準が上がるように思えるときもある。しかし、人間にとってよいことが、目前の作業にとってよいとは限らないし、反復的な作業で眠気に襲われているときにシャキッとするのは簡単ではない。

この、エネルギーレベルの低下と、注意を維持する必要性との闘いは、刻々と形勢が変わり、攻防を繰り返すなかで退屈が優位に立ち、眠気を寄せつけないためにより多くの努力が必要になる。退屈とは、覚醒水準が変動する状態なのだ。だが、単調な作業の継続を強いられる状況でなかったら、私たちはこの覚醒水準の変動を経験しないだろう。制約がないところに退屈は生まれない。眠るか、何かほかのことをすればいいだけだ。どちらにせよ、退屈は取り除かれる。

ノーフォークにあるオールドドミニオン大学のマーク・スケルボの研究チームは、

＊2　繰り返し接するなかで馴れることによって、反応のレベルが低下すること。
＊3　はっきり目が覚めており、すばやく反応できる状態から、意識が低下して反応が困難な状態までの覚醒状態のレベルを意味する。

「制約が直接、退屈をもたらす」という仮説を検証した。研究では、被験者を、単調な作業をいつでも好きなときにやめられるグループと、研究者が止めるまで続けなければならないグループに分けた。どちらのグループも正確に同じ時間だけ単調な作業を行ったが、自由に作業をやめられるグループのほうが退屈を感じた人の割合が低かった。

興味をもてないのに強制される、単純で反復的で変化のない作業には、人間が退屈する状況を調べる研究がこぞって焦点を当てている。そこから逃げ出せない、やりがいに乏しい状況は、私たちを確実に退屈へと導く。だが、それがすべてではない。

ギリシャ神話の英雄オデュッセウスが思い知ったように、一つの危機を切り抜けるのは比較的簡単だが、二つの怪物に挟まれたときは途方もなく困難な状況に追い込まれる。不運なオデュッセウスは、メッシーナ海峡を通るのに一方でスキュラ（浅瀬）を、もう一方でカリュブディス（渦巻き）を避けて航行しなければならなかった。それと同じように、退屈に押しつぶされるのを避けるためには、私たちは「簡単すぎる」という危機だけではなく、「難しすぎる」という危機にも対処する、困難な舵取りが求められる。退屈を避けるためには、自分のスキルや興味と、自分ができることがうまく適合する領域を見つける必要があるのだ。一種のゴルディロックスゾーン[*4]、つまり絶妙な領域である。こうした領域を見つけられないことが、退屈の第四の要因である。

コンピューターゲームを思い浮かべるとわかりやすい。落下パズルの代表的ゲーム「テトリス」を初心者レベルで1時間続けたとしよう。難易度の調整ができないとゲームは繰り返しになり、スキルを十分に発揮できないため、ひどく退屈するだろう。次に、だれもやったことがないような難しいレベルでプレーし始めたとしよう。すぐに圧倒されるはずだ。ついていくためには、自分のスキルの限界を超えなくてはいけない。

この場合、初心者レベルのケースでプレーヤーにもたらされるのは、無駄な反復である。新しいものは何もない。超高難度のケースでプレーヤーが得るのは、カオスとノイズだ。理解できるものは何もない。どちらの場合も没頭できず、すぐに退屈が始まる。

コンピューターゲームのたとえから、退屈を寄せつけないためには「適切な難易度」

＊4　ゴルディロックスは、イギリスの童話に出てくる少女の名前。彼女が森でだれもいない子熊の家を見つける。テーブルに置かれた一つ目の椀の粥は熱すぎ、二つ目の椀の粥は冷たすぎたが、三つ目の椀の粥はちょうどいい温度だったので全部食べてしまう。このことから、ゴルディロックスゾーンはちょうどいい絶妙の程度の範囲を意味する。

と「スキルと作業との適合」が必須であることは明白に思えるだろう。しかし、この仮説を直接検証する科学的研究はあまり行われてこなかった。

私たちは、ある研究で、二つのグループの被験者にコンピューターを相手にじゃんけんをしてもらった。人為的に、一方のグループは常に勝つようにし、もう一方は必ず負けるようにした。両方のグループに、「どのくらいゲームの主導権を握っていたと感じるか」を評価してもらうと、意外にも、評価は、考え得る反応の全域に広がった。常に勝ったグループのなかにも完全に主導権を握っていたと感じない人がいたし、常に負けたグループのなかにもゲームの展開になんらかの決定権をもっていたかのように感じた人がいた。さらに、「どれくらい退屈したか」を調べると、最も退屈していたのは、完全にゲームを支配していたと感じた人か、相手のコンピューターの意のままになっていたと感じた人だった。これらのデータを「困難に対する反応」として捉え直したときに見えてくるのは、人間は、困難が少ない(常に勝つ)ときか、困難が多すぎる(常に負ける)ときに、最も退屈するということだ。

別の研究では、二つの被験者のグループに20分の異なる動画を見せた。一方の動画は、滑稽なパントマイム役者が、ごく基本的な英単語を、うんざりするほどゆっくりと繰り返しながら教えるというものだ。もう一方の動画では、非常に頭のよさそうな人物が、信じられないほど複雑な数学や理解できない図表を使って、高度なコンピューターグラフィックスを教える。どちらのグループにも、視聴後に動画に関する質問に答えてもらうので、注意して観なければいけないと指示しておいた。その結果、どちらのグループの被験者もほとんど試練に耐えられず、退屈のレベルには差が出なかった。退屈なパントマイム役者がつくり出す困難が少ない状況も、複雑な数学がもたらす困難が過剰な状況も、被験者をまったく同じ悲惨な状態におとしいれたのである。

退屈の四つの要因、すなわち、私たちを取り巻く環境に存在する危険因子は避けなければならない。それは間違っていない。実際、私たちは、退屈するとすぐに、気分が落ち込んだことを世界のせいにする。だが、それがすべてではない。

私たちのなかにある原因

私たちは退屈の発生に関係のない傍観者ではない。退屈するかどうかには、私たち自身が大きく関わっている。研究によれば、私たちのなかにはほかの人よりも退屈しやすい人がいる。当人の反応や状況に対処するスキルが、その人が退屈するかどうかを決めるのだ。

退屈には、五つの主要な内的要因がある。一番目は「情動」――その瞬間に自分がどういう状態であるかに関する感触。二番目は「生理」――環境に注意をはらい、敏感に反応する人間の能力。三番目は「認知」――自分を取り巻く世界に焦点を合わせ、それについて考える能力。四番目は「動機づけ」――何かに没頭することへの推進力。五番目は「意志またはセルフコントロール」[*5]――計画を立てて遂行する能力である。こうした内部領域のどれか一つでも弱ければ、人間は退屈の危険にさらされる可能性がある。

情動は、自分と自分の周囲で起きていることとの関係を明らかにする。言い換えれば、情動は、物事になんらかの意味で重要だというタグをつけるのである。それがなければ、私たちはさまようだけで、何が重要かを識別できないだろう。物事の価値を示す情動がなければ、世界は平板化し、色を失う。何かをほかのことより優先する理由は乏しくなり、特定のことを行う理由はなくなるだろう。

だから、自分の情動にあまり気づかないことが退屈と関係づけられてきたのは驚くにあたらない。自分がどのように感じているか、自分にとって何が重要なのかをラベリングする能力がなければ、行動計画の選択が（不可能ではないとしても）困難になる。

なぜ、退屈しやすい人に情動への気づきが欠けているのかについては、さまざまな説明があるが、大部分に共通するのは、退屈しやすい人は情動を怖がり、情動を避けようとするということである。ある実存主義的な解釈は、情動の麻痺とそれにともなう退屈は、「自分の人生を選び取るのは自分だ」と気づいたときに感じる、漠然とした根源的

＊5　外界に対する認知や将来の予測に基づいて環境適応的に自己の行動をコントロールすること。効果的なセルフコントロールには、現状を目的に合致させようとする動機づけが必要と考えられている。

な不安への反応ではないかと示唆している。それが人の気力を大きく失わせるのかもしれない、というのだ。自分の人生を自分が引き受けるよりも、生きるために依拠する外的なルールを見つけたり、自分が置かれた状態を周囲の環境や人など外的な力のせいにしたりするほうが、はるかに楽に思えるのだ。この意味において、退屈は、私たちを脅かす情動や認識を遠ざけ、遮断するためにはらう代償といえる。

では、この情動への気づきの不足と退屈を結びつけるモデルを支持する研究データはないのだろうか。ネバダ大学のスティーブン・ヘイズの研究グループは、彼らが「体験の回避」と呼ぶもの、すなわち望まない気持ちを回避したり、それから逃避したりする傾向を測定する検査尺度を開発した。体験の回避傾向が強い人々は、自分の情動を脅迫のように感じ、避けようとする。私たちの研究室が行った調査では、自分の気持ちを回避する人々は退屈を訴える頻度が高いことがわかった。さらに、情動を正確にラベリングできない傾向は、頻繁に退屈に襲われる人々に顕著だった。情動の回避と、情動への気づきの欠如は、生きるうえで、人を活気づけ、行動に駆り立てる情動の役割を私たちから確実に奪う。豊かで多様な情動がなければ、私たちが経験する世界から意味が失われ、自分にとって何が重要かを識別することが困難になる（意味の役割については、第７章でまた詳しく述べる）。ここでは、情動の回避と、情動への気づきの欠如、意味を見つけられないことによって、人間は価値のある活動を特定できなくなり、退屈へと導かれると言っておこう。しかし、たとえすべきことが見つかっても、私たちの脳が十分に反応し、活性化しなければ、効果的に没頭できないだろう。

常に警戒し、即座に世界に反応しようとする内的な努力が退屈の原因である、という考えの背後には長い歴史がある。たとえばミュンスターバーグは、１９１３年に、単調さの感覚を引き起こす（観察者自身の見え方に関する）人間の性質を特定する実験を考案した。その結果、彼は、同じ出来事が繰り返されると、それをすべてはっきりと見ることができなくなる人がいると結論づけた。そういう人々は、その出来事を経験するたびに、次回にはその出来事に気づきにくくなってしまうのである。この性質をもった人々が最も苦痛を感じるのが、同じものに繰り返し注意することが必要とされる反復作業である（工場の流れ作業やデータ入力がよい例だ）。彼らは、こうした作業を、ほかの人々よりも難しく感じる。ある瞬間が次の瞬間と区別できなくなるために、時間がのろのろと進む。新たに現れるものがすべて、すでに見たことのあるものなのである。

2009年、ヤン・ジアンの研究チームは、退屈傾向のある人は、同じ画像を繰り返し見せたときの前頭部の神経反応が遅く、明確でないことを実証した。退屈傾向のある人は、環境のなかの事物にすぐ慣れてしまうようだ。ほかの人たちには新しく新鮮なものも、退屈傾向が強い人には急速に古いものになってしまうのだ。基本的に、彼らが注意をはらうためには、もっと目新しいものが必要になる。

このように、退屈傾向の強い人が抱える問題の一つは、周囲の事物に対する神経学的な反応の急速な低下である。退屈傾向が強い人が直面する問題は、ほかにもある。慢性的にエネルギーが不足していると感じることだ。退屈傾向のある人は、刺激不足に対処するために、エネルギーを高めてくれる刺激を求めてやみくもに行動する。これは退屈経験を構成する重要な要素である。認知資源を没頭へと傾注するための十分なエネルギーがなければ、当然、人間は退屈する。覚醒の初期値が低い人は、もともと、没頭に必要な活性化がほとんどできない。そのうえ、外的な刺激による増強が得られなければ、何かに心的に没頭するのに十分な活性化は見込めない。周囲で起こっていることに反応して活性化されるだけでは、うまく没頭できない。適切な認知能力ももっていなければならないのだ。

　では、認知能力とは何を意味するのだろうか。実は、認知能力は、幅広い、漠然とした概念である。ここでは主に、意識を集中し、注意をコントロールする能力に焦点を絞る。つまり、注意を向けているものをコントロールし、気を散らすものを遮断し、衝動を抑制し、思考中は関連する情報を保持し、さまざまな思考対象に柔軟に切り換える能力のことを意味する。注意のコントロールは基本的な認知能力の一つであり、考える対象を管理する役割を果たし、私たちが自分自身を周囲の事柄や内部の感覚と結びつけることを可能にしてくれる。注意のスキルが劣っている人は、自分の置かれた状況が非常に困難に感じられ、その瞬間に起きている事象に精神を没頭させられないことがある。だから、退屈の定義が「心的に没頭したいという欲求が満たされないこと」であるなら、注意のスキルが劣っていることを退屈の原因と考えるのは理にかなっている。

　注意障害[*6]と呼ばれる神経系疾患をもった人々はしばしば退屈を感じる。最近の概観的研究において、脳に損傷を受けた人では退屈が常態化していて、消耗を引き起こすことが明らかにされた。脳を損傷した人に退屈が多く見られる理由は、リハビリの単調さや、没頭する機会の減少など、いくつか考えられるが、脳の損傷の直接的な結果である注意の低下が原因になっている可能性もある。また、注意欠陥多動障害（ADHD）[*7]や統合失調症[*8]などの神経系疾患をもった人が退屈を訴えるケースも多い。

注意と退屈傾向との関連性は、神経系疾患のない人々にも見られる。たとえば、意識を集中できないと訴える人は、それ以上に頻繁に退屈を訴える。慢性的な退屈の原因は、注意や意識の集中に関する慢性的な問題の可能性がある。つまり、それらは単に同時に起きているのではなく、注意の問題が退屈を引き起こしているように見受けられる。

注意を効果的に使うことに困難を覚えている人は、その困難が退屈と一体になっているように感じるかもしれない。彼らは、していることが何であっても、それに注意を引かれるとも没頭できるとも感じられないし、注意を引かれるものはほとんどないとわかっているので、やりたいことを見つけられる気もしない。簡単にいうと、自分の力で注意を働かせようとして空回りしているために、強引に自分の注意を引き、つかんで離さない周囲にある何かを必要としているのだ。だから、夢中になれる一冊の本（と、それを読む時間）があれば十分な人がいる一方で、スリルにあふれ、ストーリーがめまぐるしく展開するアクション映画が必要な、退屈傾向の強い人も存在する。だとすると、注意の低下が「物事に没頭する能力」と「自分がしたいことを見つける能力」の両方を低下させるために、退屈が増大するのかもしれない。この二番目の可能性は、人間に内在するもう一つの退屈の原因に結びつく。動機づけである。

世の中には二種類の人がいるといわれてきた。楽しみを最大化するように動機づけられた人と、苦しみを最小化するように動機づけられた人である。言い換えれば、次の楽

＊6　注意が散漫になったり、落ち着いて物事に取り組むことが困難になったりすることで、日常生活に支障をきたすようになる高次脳機能障害の一つ。

＊7　多動性（じっとしていることができず、動き回ったりしゃべり続けたりする）と不注意（注意が散漫で、一つの作業に集中し続けるのが難しい）を症状の特徴とする発達障害。

＊8　思考、知覚、感情、言語、自己の感覚、および行動におけるゆがみによって特徴づけられる精神障害。急性期には幻覚や妄想などの陽性症状が、消耗期には無表情、感情的アパシー、活動低下、会話の鈍化、ひきこもり、自傷行為などの陰性症状が認められることがある。

しい活動を探すように動機づけられた人と、ほんのわずかな問題をも避けるために、用心深く、一歩一歩進む人がいるということだ。両極端の動機づけだが、どちらの動機づけで生きている人も、退屈のリスクにさらされる可能性がある。

「常に楽しみを最大化したい」という欲求は不合理だ。終わりのない楽しみを追求する人は、どこかの時点で世界はつまらないと気づくだろう。何をするにも時間がかかり、常に日常的な用事が待っているし、退屈な会議にも出なければならない。興奮や楽しみを求めることには何の問題もないが、動機づけが過剰になると、世界が常に応えてくれるわけではないために、退屈しがちになる。楽しみや興奮、多様性を求める極端な動機づけに身をゆだねていると、「今この瞬間にできることをしよう」とは思えなくなるのだ。選べる選択肢のほとんどが、脳のなかで「まったく実行する価値がないもの」として符号化されるからである。

では、もう一方の極端、「苦しみを最小化したい」という欲求はどうだろうか。生に対するこの動機づけアプローチは「安全策をとる」という言葉が象徴するように、回避行動のパターンに関連している。この方策では、確かに苦痛は避けられるかもしれないが、同時に、没頭の選択肢が制限されてしまう。本書は、退屈が生まれるのは、精神が充実していないときだと主張してきた。あらゆるものの影におびえる人でさえ、「まわりの世界の何かに、精神的に没頭したい」という欲求をもっている。自明のことだが、「苦痛を最小化するために、世界への没頭を避けたい」という欲求と、「退屈を寄せつけないために、世界に没頭していたい」という欲求を、同時に満たすことは不可能だ。楽しみを追求する人について述べたものとは別の種類のミスマッチである。

私たちの研究室の調査によって、これらの異なる動機づけから退屈につながる経路は二つあることが確認された。二つの経路は、退屈傾向が測定できるとされる異なる尺度を適用することで明らかになる。退屈傾向尺度（おそらく退屈に関心をもつ科学者のあいだで最も広く使われている尺度）を使えば、最も強い退屈を経験しているのは、苦痛を最小化しようとする人々だとわかる。退屈感受性尺度（実際は、感覚刺激追求を検証するために使われる、より大きなテストの下位尺度）を使えば、最も頻繁に退屈を経験しやすいのは、興奮や楽しみを追求している人々だとわかる。だから、動機づけの点から見ると、二つのプロセスは同じところにたどり着く。退屈のリスクである。

ほとんどの人の場合は、複数の動機づけアプローチが複雑に入り交じっている。人が難しい仕事に取り組んであくせくと働くのは、月末に受け取る給料にそれだけの価値があるからだ。同様に、汚れた洗濯物を床から拾うのは、パートナーを怒らせるのを避けるためだ。しかし、私たちは、結果がプラスになるかマイナスになるかに関係なく、純粋な喜びを動機づけとして行動することがある。ただ困難に挑戦したいから山に登るとか、ロックスターになろうという野心がなくても楽器の練習をするのは、どちらも内発的動機づけの例である。活動自体が報酬なのだ。一方で、私たちの判断は前述のような「給料が欲しい」とか、「パートナーを怒らせるのが怖い」といった外発的動機づけによって形成されることもある。内発的動機づけによって何かをするとき、私たちは、それ自体のために行動する。練習してスキルを向上させ、有能かつ主体的でありたいという要求を満たすのである。

内発的動因に突き動かされて、世界に没頭しようとしている人が退屈している姿は想像しがたい。「ギターを弾くのはすごく好きだけど、弾いていると退屈するんだ」といった発言はめったに聞かれない。残念ながら、内発的動機づけと個人の性格特性の関連については、まだよく知られていない。ただ、研究者の大多数は、それを特性ではなく状態とみなして研究をしてきた。

はっきりわかっているのは、有能感と自己決定感という内発的報酬に動機づけられた人は、退屈を経験しにくいということだ。そうした人々は、活動を、特定の成果を得るための機会ではなく、認知的な力と創造力を発揮する機会だと捉える。最も重要なのは、行動することなのだ。また、自律性と有能感に対する要求が満たされないとき、言い換えれば、自分の人生を思いどおりにできないときに、人は退屈におちいりやすいことも知られている。

とはいえ、自分をコントロールするのは容易ではない。自分の衝動や欲求が、他者から期待されるものと合わないときもある。また、奇妙に聞こえるだろうが、知らないうちに自分が望むものと矛盾する行動をとっていることさえある。セルフコントロールは、ほかの人たちと調和して暮らすために必須であり、個人的な目標を達成するためにも欠かせないものだ。セルフコントロールのための処理能力には、就職面接のあいだ、じっと座って、そわそわしないようにすることから、新たなキャリアのために複数年にわたる学習を計画し、効率よく実行することまで、幅がある。これまでに述べたように、私たちの進む方向は、問題を避けるか、よい結果を出すか、動機づけによって180度変わる可能性がある。セルフコントロールとは、私たちが「何を優先するか」を決め、それを実行可能な目標に変えて、追求を成功させることなのだ。

セルフコントロールの重要な機能を考えると、しばしば退屈を訴える人が、同時にセルフコントロールが難しいと訴えるのは驚くに当たらない。この二つには強いつながりがあるからだ。年齢（年齢とともに賢明になり、セルフコントロール能力がいくらか高まる）や性別（男性は一貫して女性よりも退屈傾向が強い）などの影響を排除しても、退屈を感じる傾向とセルフコントロールのレベルの低さとの関連性は強いまま変わらない。

「セルフコントロール」は幅の広い包括的な言葉で、さまざまな重要な能力を含んでいる。そうした能力の一つで、私たちが「主体性」と呼ぶものは、自分がしたいことのためにセルフコントロールを発揮する能力を意味する。これには、「真っ先にしたいことは何か」を考え、それを成し遂げるために、思考や感じ方、行動を調整することが含まれる。主体性は、セルフコントロールのなかでも際立った存在だ。衝動のコントロール（午前中の会議で３個目のドーナッツに手を伸ばさない）や抑制（面接中にそわそわしないようにする）などのほかの要素は、行動計画の策定や実行に主体性ほど関係しない。主体性は人間の欲求を具体化する。たとえば、「両親との関係を改善したい」という動機づけがされれば、「毎週、日曜日の午後に訪問する」といった目標を立て、実行するためには、主体性が必要になる。

もし、退屈が、私たちが主張するとおり、効果も目標もない欲求に根ざしているとしたら、主体性に生じたなんらかの問題は、定義に照らして、退屈の大きな原因といえる。慢性的に主体性の問題に悩んでいる人は、効果も目標もない欲求にとらわれる可能性が高いはずだ。実際、主体性のいくつかの要素は、退屈を感じる傾向と結びつけられてきた。私たちの研究室は、目標を達成するために人々が使うさまざまな戦略を検証した。調査対象のなかには、行動と変革に焦点を絞っている人々もいた。彼らは「行動あるのみ」というポリシーを好む。また、別の人々は、さまざまな方策を組織的、徹底的に評価して最善策を見つけることに焦点を絞っていた。彼らが選んだのは「正しいことをする」というポリシーだ。退屈を経験する傾向が高いのは、明らかに後者である。彼らは、自分の現在の環境について思案するうちに身動きがとれなくなり、没頭するための行動に乗り出せなくなるのだ。

私たちを取りまく世界がもつさまざまな側面よりも、内面にある退屈の原因が、退屈傾向のある人を浮き彫りにする。私たちのなかには、心理学的な資質のために、ほかの人よりも退屈に苦しむように運命づけられていると思える人がいる。情動的、生物学的、認知的、動機づけ的な要素や、セルフコントロールに関わる要因は、すべて退屈の発生になんらかの役割を果たしている。これらの内的要因を、前に言及した外的要因と結びつけると、きわめて毒性の強い混合物が出来上がる。

すべての道は退屈に通ず

退屈の原因が、環境か私たちの内面のどちらかにあるというのは正確ではない。それは両方だし、もっと正確に言えばどちらでもない。退屈は、人間が世界と一体化するプロセスから生じる。この章のタイトルは、退屈が私たちに不合理なユートピアを要求することを表している。つまり、私たちが状況にもたらすものと、状況が私たちに提供するものが常に完全に一致する「ゴルディロックスの世界」を、なんとかすればつくり出せるという理想論だ。それが常に可能なわけではないのは明らかである。そして、大きなミスマッチがあるところには、退屈がひそんでいる。

この話をするときに、一つはっきりさせておくべきことがある。私たちの内面にも環境にも、退屈のすべてに責任を負う唯一の理由があるわけではないということだ。また、退屈が生じるにはすべての原因が同時に存在する必要があるともいえない。しかし、退屈に関するどんなエピソードでも、空虚な心と欲求にとっての難題に至るまでの過程をさかのぼると、凶悪な犯人が何人か見つかるはずだ。

退屈のさまざまな原因は、なんらかの方法で使命を果たし、人が没頭するのを阻止する。これが、私たちが自分の人生を選びとる存在であること、すなわち有効な主体であることの根幹を直撃するのである。退屈の原因は、私たちの主体感を阻害する。退屈は、その根本において主体感の危機を表している。大海原に浮かび、波であちこちに運ばれるコルクは主体ではない。岸にたどり着こうと、潮流に逆らって小舟を漕ぐ釣り人は主体である。コルクはどこへ向かうか決めていないが、釣り人は決めている。コルクは意図をもたないが、釣り人は「岸にたどり着こう」と思っている。退屈は、私たちがいつコルクになったかを教えてくれるものだ。

心をコントロールし、何に注意をはらうかを選択し、選んだ対象に精神的能力を傾注することは、主体感の基礎である。主体感こそ、退屈したときに回復に必要となるものの核心にほかならない。私たちは主体感を取り戻さなければならない。コルクであることをやめ、釣り人になる必要がある。退屈はそれを喚起する呼びかけである。

第3章

退屈が伝えるメッセージを生かす方法

・・・

子どもたちは興奮して大騒ぎだ。またとない天気の春の日、ミシガン湖の岸辺には何百もの人々がひしめいている。空は青く、そよ風が吹き、明るい未来が約束されているようだ。１９３３年のシカゴは活気にあふれ、「進歩の一世紀」の祝福ムードでいっぱいだ。[*1]

色とりどりのテントや、想像したこともない展示物の前をぶらぶらと歩く。『ガリバー旅行記』に出てくるリリパット国のようなこびとの町、地球のすみずみから集められた珍しい野生動物、保育器に入った赤ちゃん、そして未来から来た自動車！　でも、子どもたちに手を引っ張られて向かう先は、一番あやしげなテント「リプリーの世界びっくり博物展」だ！

舞台には一人の地味な男が上がっている。中背で、髪を短く刈りそろえ、ぴったりした白いズボンは、大きな真鍮《しんちゅう》のバックルのついた黒いベルトで締められている。テントのなかをすっかりそれらしい雰囲気にしているのは、タキシードにシルクハットにステッキという、いかにもといった格好の司会者だ。彼は大声を響かせる。

「ご覧ください、紳士淑女のみなさま！　ただし、気の弱い方はご注意を。ここにおりますのは〝無痛人間〟アーサー・プラムホフでございます！」

観客は心を奪われる。

「一見どこにでもいそうな男に見えますが、尋常ならざる能力をもっております。何度自分の肉を突き刺しても、みじんもたじろがないのです！」

プラムホフは、街のけんか自慢のような足取りで前に進み出る。何も言わずに、長さが十数センチある針を取り上げる。わずかに身をかがめ、目を大きく見開いたまま、ゆっくりと口を開ける。ぱっくりと口を開けた表情が人の心に呼び起こすのは、畏怖というより恐怖だ。テントのなかは静まり返っている。大げさな動作で、彼はまず片方の頬に針を貫通させる。開いた口から針がはっきりと見える。そのま

＊1　1933年にシカゴ市制100周年を記念して万国博覧会が開かれた。「進歩の一世紀」はそのテーマ。

ま針を押し込み、もう一方の頬を内から外へとつらぬく。

驚きと嫌悪で息をのむ音がテントに満ちる。上の子どもはプラムホフに吸い込まれるように、身を乗り出している。下の子は、最初に頬が突き破られる前に、体をすくませて、ふところにもぐり込んできた。それからずっと目を覆ったままだ。頭の中で疑問がうずまく。

「なぜ、こんなことができるんだろう。あの痛みに耐えられる人間がいるんだろうか」

・・・

痛覚がないためにサーカスで生きることになった「人間針刺し」が、初めて医学雑誌で議論されたのは1930年代だった。彼がもっていた障害「先天性無痛覚症」[*2]によって、痛みの機能が明らかになった。痛みは「行動する必要があること」を人間に警告するのだ。

注目すべきは、「苦痛をもたらすこと」が痛みの目的ではないという点である。痛みの機能は、行動の必要性について警告することだ。火から反射的に体を遠ざけること（図３・１）、包丁で間違って手を切ったときに、とっさに手を引っ込めることから、頭痛が起きたときに鎮痛剤を飲むといった、思考を介した行動に至るまで、痛みは、その感覚を取り除くために何かをする必要があることを知らせるのである。

こんなふうに痛みについて機能の面から説明するのは新しいことではない。痛みは、現在の注意に割り込み、痛みを感じる状態から逃れるための行動を起こすよう動機づける経験だと、長いあいだ考えられてきた。取り組んでいる目標の追求が痛みによって中断されると、痛みが生じる前に追求していた目標を復活させたいという衝動が生まれる可能性があるのだ。肉体的な痛みは組織の損傷が主要な原因なので、この構図は比較的単純だ。だが、退屈と深く関連すると私たちが推測している精神的苦痛の場合はどうだ

＊２　運動麻痺をともなわない、全身の痛覚の消失を主症状とする疾患。常染色体劣性で遺伝する遺伝性疾患。痛覚による防御反応の欠如が実生活に深刻な影響を与え得る。

図3.1　ルネ・デカルトによる「灼熱痛の伝達経路」(1664)。この絵は逃避反射の神経経路を示すことを意図して描かれた。皮膚を焼いていると思われる火が痛みを生じさせ、その痛みは脳に伝わり、脳は行動を計画する。このずいぶんと趣のある絵では、天使ケルビムのような人物が、当惑した笑みを浮かべながら患部の爪先にそっと手を伸ばしているが、痛みを感じている様子はほとんど見られない。火が引き起こしているのは明らかに脊髄反射[*4]であり、意図した行動には到底見えない。しかし、肝心なのは、火がもたらす痛みが行動を求めていることである。

ろうか。

痛みは、精神的なものも含め、自己調整[*3]のためのシグナルとして働いているという理論がある。肉体的な痛みが、炎から手を離すといった自動的な反応を引き出すのに対して、悲しみや退屈のような精神的に不快な状態は、より複雑な反応を呼び起こす。私たちが最愛の人を失ったときに感じる苦しみは、独りになれる時間が欲しいと思うことから、積極的にほかの人に慰めを求めることまで、さまざまな反応を引き起こす。しかし、精神的にストレスの大きい出来事に対して人がどのような反応をする場合でも、重要なことは変わらない。痛みは、肉体的なものであれ精神的なものであれ、行動を促す一つのシグナルとして働く。私たちは、退屈というシグナルも、まったく同じように理解できると考えている。

退屈が伝えるメッセージを読み解く

あるオフィスワーカーの平均的な一日を想像してみよう。おそらくその一日は、「今日はどんなことが待っているのだろう」という期待に胸をふくらませるところから始まる。このオフィスワーカーは、今やっている仕事に打ち込んでいる。とはいっても、

＊3　self-regulation。自分自身の行動や感情の状態をモニターし、自分の行動や感情を目的状態に近づけるよう調整すること。
＊4　神経経路が脊髄内で完結する反射。特定の感覚入力が、大脳等における処理を経ずに、定型的な身体反応を短期間のうちに誘発する。

四六時中「スイッチが入った」状態でいるわけではない。気を散らすものと闘い、行動を促すほかのシグナルもうまく処理しなければならない。たとえばグーグーと鳴るおなかの音は、何かを食べる必要があると知らせるものだ。常に集中した状態でいようと最善の努力をはらっても、ときにはうまくいかないことがある。時間がたち、効率が下がってきて何をするにも思ったより時間がかかるようになると、きっとこのオフィスワーカーはそわそわし始める。彼女は椅子を後ろにずらすと、体を伸ばし、深呼吸して、単調な仕事に戻る。しばらくすると、メールをチェックし、迷惑メールを削除する。前にも増してそわそわがひどくなっていく。ちょっと窓の外に目をやったつもりが、5分も空想を続けてしまう。これらはすべて、仕事以外のことに没頭しようとする行動であり、退屈が待ち伏せしているしるしだ。

でも、このオフィスワーカーは、シグナルがもっと強くなるまで、自分が退屈していることに気づかないだろう。彼女は仕事の手を止め、満たされない気分でSNSをチェックする。友だちのボブがお昼に何を食べているのか見たあと、シェリルの投稿に目を通し、気候変動を否定する人々に関する記事に飛ぶ。そこからは、なんの罪悪感もなく本来の目的を離れて情報エンターテインメント記事に見入ってしまう。気候変動の記事の次は、有名な政治家の最新の失言を取り上げた記事に移り、トロント動物園に寄贈されたパンダに関するどうでもいい話から、最後にはスポーツのサイトに行って、地元チームの最近の連敗をまとめた気のめいるような記事を読む。しかし、どこに行っても彼女はその世界に入り込めず、心は満たされない。退屈のシグナルが彼女にそれを伝える。「この活動では満足できない。何かほかのことをしろ！」

このオフィスワーカーが何事にも興味を引かれなくなった理由はたくさんある。逆らいようのない時間の流れ（多くの場合、物事は長くやり続けるほど興味をもてなくなる）か、閉じ込められているような感覚（しなければならない作業があるのに、やりたくない）が、退屈の警告につながったのかもしれない。しかし、理由が何であるにせよ、彼女が没頭し損ねていることをはっきりと示すのは、退屈というシグナルである。

行動を促すシグナルとして退屈を捉えると、「没頭」と「意味」との重要な区別が明らかになる。この区別には、今後しばしば立ち戻ることになるだろう。あまり認識されていないが、たいがいの人は、非常に大きな意味があるのに息が詰まるほど退屈なことを思い浮かべられるはずだ。たとえば、子どもと遊ぶことである。子どもはだじゃれの言い合いが大好きで、うんざりするほど続けても飽きる気配を見せない。その一方で、普通なら特に大きな意味があるとはいえないものに完全に没頭している自分も想像できるだろう。最近のばかばかしいリアリティ番組を1シーズン、一気に見るのは、あとで考えると時間の無駄に思えるかもしれないが、見ているときはすっかり心を奪われていたはずだ。その意味で、退屈のシグナルは、私たちがしていることの内容よりも、していることが何であれ、「完全に没頭できていない」という事実に関係しているのだと教えてくれる。だじゃれの言い合いをレスリングごっこに変えたら、おそらく退屈は避けられるだろう。

退屈のシグナルを理解するもう一つの方法は、「退屈のない人生とはどのようなものか」を想像することである。人は、退屈のない人生にあこがれているといってもよい。だが、詳しく検討すると、「自分が何を望んでいるのか」を明確にする必要があることがわかる。もし退屈がなければ、人生はアパシーにあふれ、沈滞したものになるだろう。

一見、退屈のない人生はアパシーにつながるというこの主張は、ばかげていると思えるかもしれない。退屈とアパシーは非常によく似ているように感じられるからだ。確かに、この二つは空虚な状態という意味では共通している。しかし、心理状態は根本的に異なり、感じ方もまったく違う。

アパシーの人には、没頭を見出そうとする切迫感を生じさせる欲求がない。アパシーは、まさにその定義上、やりがいに欠けていることを改善しようとする欲求さえもない状態のことなのである。アパシーは、動機づけの失敗である。古くはソファに寝転がってポテトチップスを食べながらだらだらテレビを観る「カウチポテト」という言葉で表される姿が、まさにアパシーを具現化している。

それに対して、退屈している人の状態は大きく異なっている。彼らは「没頭したい」という強い欲求を痛切に感じていて、その欲求が満たされないときは、すべてが不快感につながる。痛みを感じているときと同様、人は退屈によって行動へと駆り立てられ、没頭しない状態のマイナスの影響をどうにかしようと動機づけられているのである。その動機づけを取り除いてしまえば、退屈しない人生が手に入るかもしれないが、極端な場合、どんな欲求ももたない人生になる。

同様に、痛みのない人生は、人間だれもが求めるもののように思えるだろう。しかし、これは「人間針刺し」のように、うっかり自分を傷つける危険をはらんだ人生を意味する。退屈のない人生は、抽象的に考えれば魅力的だが、完全な沈滞や活動レベルの低下につながり、最終的には個人にとっても社会にとっても有害なものになる可能性がある。もし人類が、自分たちのスキルや才能を使って目標を達成しようとしていなければ、人類は短命だったに違いない。私たちの祖先が、精神的に空虚な状態でいることに満足し、たき火のそばでごろごろするだけで（そもそも、火を使いこなそうという自発性があったとしての話だが）、探求し、創造し、理解しようという動機づけを感じていなかったら、人類がどうなっていたか想像してみてほしい。非生産的で短い人生への道をたどっていたことは疑いようがない。痛みと同様に、退屈は、私たちが行動を起こし、潜在能力をフルに発揮する必要があると知らせてくれる重要なシグナルなのだ。

このシグナルに適応的に反応すれば、それはうまく機能することになるだろう。退屈のシグナルを正確に読み取れたとしても、次にどうするかが重大な問題だ。仲間の

４ＷＤで箱乗りするとか、地元のパブでへべれけになるまでビールを飲んだりするなど、結局は有害になる行動を選んでしまう可能性もある。もっと生産的な没頭の対象を選ぶこともできるだろう。ジョギングに行くのも、お気に入りの作家の新刊を読むのもいいし、ギターを手に取って名曲を2、3曲思い切り弾くのもいいだろう。不幸なことだが、退屈は、強化された衝動性と依存性を含む不適応な反応と、繰り返し結びつけられてきた。それまでしていたことよりもっと没頭できる行動を選び、気を散らす可能性のあるものを避ける（つまり、昼休みまでＳＮＳは見ない）ためには、退屈のシグナルに対する適応的な反応によって、自己調整メカニズムを発動させる必要がある。気晴らしの誘惑に負け、セルフコントロールが弱まるのは、退屈が増大する前兆かもしれない。退屈に対して（極端に危険な遊びから、もっとありふれたＳＮＳでの時間つぶしまで）不適応な対処を繰り返していると、一時的には退屈が緩和されるかもしれないが、将来的に退屈という症状がたびたび日常に現れてくるのは防げそうにない。

そこで、退屈について「一時的状態としての退屈」と、個人の人格における「傾向性としての退屈」という二つの捉え方から考察してみよう。だれのまわりにも、「退屈に苦しんだことなんてない」と主張する人がいるはずだ。そういう人たちは「退屈するのは退屈な人だけだ」とまで言う。もし、本当に退屈知らずの人生を送っている人がいるなら、それはただ、彼らが、退屈が長引く前にすばやくシグナルに反応するのが得意だからだ。この観点から見れば、退屈が問題になるのは、頻度が高い場合と、反応が無効か不適応な場合である。

一時的状態としての退屈は、嫌悪感を抱かせる有害なものだが、多くの場合、対処するのは比較的簡単だ。例のオフィスワーカーは、差し迫った退屈のシグナルを読み取り次第、次の長期プロジェクトの仕事に取り掛かり、すぐにその一日を活性化しようとすることだろう。あるいはSNSでボブの料理に関する投稿に夢中になるかもしれない。退屈のシグナルに適切に反応できないと、退屈の状態を経験する頻度が高くなったり、退屈な状態から抜け出すことが難しくなったりすることだろう。没頭する新しい適切な目標を選ぶのに、苦労することになるだろう。適応的であるかないかにかかわらず、するべきことを速やかに選択できなかった人はすべて、不満を増大させる退屈という経験がずるずると続くようになる。ここでもまた、内容とプロセスの区別が重要だ。退屈のシグナル自体は、「次に何をするか」や「今とっている行動がなぜ十分でないか」を考えることに関係していない。何をすればもっと深く世界に関わり、意味を感じ、満足することができるかは、動機づけや報酬、学習、過去の経験などが関わる複雑な心理学的プロセスによって決まる。退屈がそれ自体を解決することはできない。それはただ、警告を発するだけである。

通常、ネガティブな気持ちは、私たちを取り巻く環境のなかに、その気持ちに関連するものが存在していることを知らせる。たとえば、道の前方にいるヘビや、こっちに向かって突進してくる怒った人は、対応が必要な重大な出来事の前兆である。私たちは、退屈もまったく同じ働きをすると考えている。恐怖や痛みが、対応を必要とするものの存在を示す（道の前方にヘビがいれば、その場で止まり、避けて通れる安全なルートを急いで探す）のに対して、退屈はあるものの不在を示す。没頭の不在だ。

しかし、その不在をどんなふうに感じ取るかは複雑な問題である。おそらく、退屈し始めると、そわそわする、歩き回る、無意味にエネルギーを使い果たすことを求めるような身体感覚が生じる。また、はっきりした身体的兆候ではなく、なんらかの心理的要求を感じる人もいる。その要求を説明するのは難しいが、突き詰めれば、なんだか自分の能力が無駄になっているという気持ちに行き着く。いずれにせよ、没頭の不在は緊急の課題を突きつける。「退屈だ。じゃあ、どうすればいいんだ」と。

この点から見れば、退屈をまったく否定すべきものだと捉える必要はない。確かに退屈はネガティブな気持ちではあるが、少なくとも二つの意味で肯定的なシグナルとして働く。それは私たちに「今していることにはもう興味を引かれない」と教えてくれるし、目標を思い出させてくれる。さらに、追求する目標はさまざまあり、それらは今までの目標よりいいかもしれないと気づかせてくれるのだ。ルイビル大学の哲学の教授、アンドレアス・エルピドルは、これを、退屈がもたらす「後押し」と表現している。自分を守るように動機づける痛みと同様に、退屈は、今していることよりもっとやりがいがあって、もっと没頭できるものを見つけ出し、それに取り組むように私たちの背中を押すのである。

退屈を感じる潜在的能力、すなわち、私たちが認知能力を発揮するための動機づけがなければ、私たちは自分の資質を浪費し、潜在的価値を引き出せないだろう。次に紹介する18世紀初頭の11歳のバルブ操作係の話と、20世紀半ばの病理学的に無気力なティーンエージャーの話を比べると、「精神的に満たされていたい」という欲求が、実際どれほど重要かがわかる。

かわいそうな11歳の少年、ハンフリー・ポッターの仕事は、ニューコメンの蒸気機関がうまく動くように、正確なタイミングでバルブの開閉を繰り返すことだった。単調という言葉ではその片鱗《へんりん》すら捉えられない仕事だ。ハンフリーは、自分のバルブ操作係という仕事が大嫌いだった。1713年の基準に照らしても、彼の仕事は飛び抜けて退屈な仕事だった。正確にタイミングを計って……バルブAを開き……次の肝心な瞬間を待って……バルブBを閉じる。それをえんえんと繰り返すのである。ハンフリーは退屈したが、気を抜くこともできなかった。

彼は「もっとよいやり方があるはずだ」と思っていた。確かにやり方はあったのだ。従順な同僚たちと違い、ハンフリーは原初的な退屈に突き動かされて解決策を見つけ出そうとした。思考し、意思決定し、感じる人間として、彼は仕事によって無駄にされてきたことに気づいた。バルブを開くのは、もう一つの機械が特定の位置に来たときだけで、それ以外に開く必要はまったくなかった。そこでハンフリーは、蒸気機関に彼の仕事をさせるための、ひもや歯車を組み合わせた装置の開発に取り掛かった。ユリーカ！[*5] 退屈な仕事から解放されたハンフリーは、職場から抜け出してほかの子どもたちと遊べるようになった。極度の退屈に直面したことで、彼は蒸気機関の歴史的な進化、つまりスカルキングギアの導入に貢献したのだ。ちなみに「スカルキング」は、仕事をサボることを表す18世紀の言葉である。

ここで、陽のハンフリーに対する陰のエルシー・ニックスに会うために、200年以上未来に飛ぼう。エルシーは物心ついたころからひどい頭痛に悩まされてきた。痛みがあまりに激しくなったので、彼女は対症療法としてモルヒネを処方されていた。しかし、状況はさらに悪くなった。ティーンエージャーだった1941年、彼女に症状が現れ始める。しばしば眠気に襲われ、極度に無関心になったのだ。ときどきしか話さなくなり、話したとしても聞き取れないような声で「はい」とか「いいえ」と言うだけだった。その態度はまるで世捨て人のようで、ティーンエージャーによくある冷めて超然とした態度とはまるで違っていた。そして、ついにエルシーは行動能力をまったく失った。それは緊張型統合失調症でも脳性麻痺でもなかった。彼女にはただ動因がないだけだった。

エルシーのケースは、医学の謎の一種とされた。彼女は、その20年前にほぼ100万人の命を奪った伝染病、嗜眠性《しみんせい》脳炎だったのだろうか。ついに原因を突きとめたのは、オーストラリア生まれの医師ヒュー・ケアンズだった。エルシーの脳には嚢《のう》胞《ほう》があり、そのために身動きができなくなっていたことがわかったのである。排膿手術をすると、エルシーはわずかな期間、正常な態度に戻った。最終的に、ケアンズはやむを得ず問題の嚢胞を除去し、エルシーが自分の願望や欠乏、欲求に基づいて行動する能力を回復させた。ケアンズは彼女の病気を無動無言症と名づけた。

ハンフリーとエルシーの話には、退屈に関する本質的な要素が含まれている。すなわち、退屈は「私たちが意思をもっている」という事実の表れであり、意思は人間が世界のなかで役割を果たすために欠かせないということである。

＊5　何かを発見・発明したことを喜ぶときに使われる古代ギリシャ語由来の感嘆詞。

ハンフリーは世界と深く関わるように行動し、自分の能力を最大限に使おうとした。そのために、バルブ操作係の仕事に就くと退屈に苦しんだが、そのおかげでよりよい方向に進めた。一方のエルシーには、なんらかの行動指針をもつ能力が欠けていた。そのため、何もせずに何時間も座っていても退屈に悩まされなかった。実際、彼女は何かをしたいと思わなかったので、不満すらもてなかった。簡単にいうと、無動無言症の人は自発的行動の完全な欠如を示す。その病気は「欲求を形成し維持することができない状態」と定義されている。エルシーは実質的に機械のようになった。他人がプログラムしたようにしか振る舞えなくなったのである。他人の命令がなければ、エルシーは長時間何もしないで座っていることに満足できた。この種のアパシーは、いろいろな意味で退屈と正反対のものである。アパシーになると人は関心を失うが、退屈すると深い関心をもつ。現実に、私たちが苦しむのは、満足が得られる行動への欲求のためであり、退屈するのは、その差し迫った欲求が満たされないからにほかならない。

行動する意思を形成する能力がなく、没頭しようとする動因がなければ、私たちは退屈を経験する能力ももてないだろう。欲求を形成できない結果、退屈を経験しないのは

〝ピュロスの勝利〟と同じだ。ピュロスは、ローマとの戦闘に勝利したことを嘆いたギリシャの将軍である。その戦闘で膨大な犠牲を出したために、結局、戦争に勝てなかった。私たちに欲求がなければ、おそらくその瞬間は退屈にとらわれずにすむ（一つの戦闘には勝てる）が、最終的には世界にうまく没頭できなくなる（ピュロスのように戦争に負ける）のである。

欲求は、最も基本的なレベルでは生物学的動因、つまり生命を維持し、種の未来を守るように機能する動因だと考えられる。だとすれば、欲求を形成できない人々は、深刻な死のリスクを負っている。一方、頂点にある欲求は、よりよい道を探求し続けるための人間の闘いを表す。「単調なバルブ操作係の仕事から脱出したい」というハンフリーの要求はこれにあたる。それに対して、エルシーは、落としてしまったキャンディーに手を伸ばすことすらできない。まして、単調でつらい仕事を避けるために革新的なギアを開発するなど、想像もできないだろう。

それは両刃の剣なのだ。欲求や意思、計画を立てる能力をもっているために、私たちは退屈のリスクにさらされる。だが、それらがなければ、私たちは、個人としても社会としても、イノベーションを起こしたり発展したりできないだろう。ハンフリーの退屈に対する解決策は、機械をつくることだった。その機械によって、彼は、バルブ操作係の単調でつらい仕事から逃れるとともに、蒸気機関の改良を成し遂げた。ハンフリーのスカルキングギアのように、機械は単調な仕事から逃げ出さない。機械やコンピューター、ロボットは、同じ反復作業を不平を言わずに何度でも実行する。ある意味で、私たちの利点は退屈する可能性をもっていることであり、機械の利点は、私たちの視点からすると、退屈する能力をもっていないことである。そもそも、退屈しない機械は、退屈する有機生命体の巧妙な発明なのだ。私たちの社会では、そうした機械が重要な役割を果たしている。だが、ここにきて状況は皮肉な方向に変わり、私たちは機械により多くのことを求めている。今、私たちは機械に知性を求めているが、知性となると話はまったく変わってくる。

ＡＩ（人工知能）と退屈

パソコンについて考えてみよう。パソコンは信じられないほどの演算能力をもっているが、私たちが真の知性と呼ぶものや、適応的行動をする能力をもつレベルに近づいているとはだれも主張しないだろう。今のパソコンは、コーヒーをいれるといった簡単なことすらできない。みずからイノベーションを行い、設計段階で予期されていない問題を解決するＡＩマシンをつくりたければ、ハンフリーのように退屈傾向をもったものにしなければならない。知的マシンを知的にするためには、単調な仕事から逃げるように動機づけ、演算資源の浪費を避けるような動因を与える必要があるのだ。進化論は、ＡＩ研究者のはるか前に、この問題に手がかりを与えていたように思える。しかし、ＡＩ研究者は追いつこうとし始めている。そして、マシンに退屈傾向をもたせ、知的にするためにＡＩ研究者が現在行っていることを詳しく調べると、退屈は機能的な適応のシグナルだという私たちの主張を裏づける有力な証拠が見つかる。

ここで、重要な余談を一つしておこう。哲学者や研究者のなかには、退屈などの精神状態は「それが何をしているか」で定義されるべきであって、「それがどういう感じがするか」や「脳のなかで何が起きているか」に基づくべきではないと考える人がいる。これが「退屈は退屈がしていること」学派である。この種の機能主義者は、ＡＩは本当に退屈を経験していると主張するかもしれない。

だが、私たちはこうした考え方をとらない。私たちは、第1章で述べた方針どおり、退屈を「どのような感じがするか」および「根底にあるどのような心理的メカニズムによって引き起こされるか」で定義する。ここでの私たちの目標は、退屈の機能的役割を解き明かすことであって、新たな退屈の定義を提示することではない。私たちは、知的マシンが知的であるためには退屈する能力をもっていなければならないと考えている。それが意味するのは、知的マシンは、退屈が私たちの生活のなかで果たしているのと同じ機能的役割を果たしている状態を経験する必要があるということだ。私たちは、マシンが実際に何を感じているか、私たちのような状態で感じ取れるのかどうかについて何かを言っているわけではない。これは単なる擬人化の問題ではない。むしろ、私たちが退屈したＡＩの世界に踏み込むのは、退屈の機能について理解を深められるからであり、人間の退屈は適応的であるという私たちの説を補強するためである。

キスメット（Kismet）と名づけられた魅力的なマシンがよい例である。キスメットはハンフリーのように、私たちが欲求と呼ぶものをもっていて、そのために聡明であると同時に、退屈に対して脆弱《ぜいじゃく》である。キスメットを製作したのは、マサチューセッツ工科大学教授のシンシア・ブリジールだ。キスメットは、複雑で人間に似た社交ができるようにつくられたＡＩシステムである。人間の表情や自閉症に見られる社会的困難に関する研究の蓄積から生まれたキスメットは、基本的には頭部だけのロボットであり、人間と交流するための表情をつくることができる。

ブリジールは、知的で主体的な行動にとって意志が重要であることを理解していたので、キスメットに三つの基本的な動因を与えた。すなわち、社交すること、遊ぶこと、休息することである。社交の動因は、キスメットが人間の仲間を求め、対話するように動機づける。遊びの動因は、おもちゃを求め、それとやり取りするように動機づける。休息の動因は、キスメットがおとなしくなり、一人になったら眠るように動機づける。それぞれの動因は、キスメットが満たすべき一組の要求と結びついているといえる。だが、ゴルディロックスと同様に、キスメットは、求めるものが「ちょうどよい」量だけ得られたときに喜ぶようにできている。多すぎても少なすぎてもいけないのだ。

この「ちょうどよい」量を維持するという考え方は、生物学者がホメオスタシスと呼ぶものだ。あらゆる生物は、内的条件を最適な範囲に維持しようとする。たとえば、人体は、深部体温を比較的一定に、つまり人間の健康にとってのゴルディロックスゾーンに保とうと懸命に働いている。もし、私たちの深部体温が上がりすぎたり下がりすぎたりしたら、それは何か厄介なことを予告している。同様に、キスメットはホメオスタシスによる調整プロセスをもっていて、社交、遊び、休息をちょうどよい量に維持する。

キスメットの社交の動因を詳しく見ると、ホメオスタシスの調整プロセスがどのように働いているかがよくわかる。だれでも、クリスマスディナーで一緒になりたくない親戚が一人はいるだろう。すごく近くに寄ってきてえんえんと自分の話をする、ずうずうしい伯母《おば》さんのような人だ。そうなると、本能的に逃げたくなり、たぶん「トイレに行ってくる」と断って席をはずすだろう。キスメットは、この種のずうずうしい伯母さんに直面すると、人間と同じような反応をする。会話をやめようとして目をそらすのだ。実際のところは、伯母さんがＡＩを圧倒し、キスメットの社交の処理容量を超えているのである。

一方、真冬に何日も続けて家から出られず、話しかける相手もいない状態がどんなものかも想像できるだろう。やがてキャビン・フィーバー*6が襲ってくる。絶望的になって、伯母さんに電話をかけるかもしれない。これが、社会的接触が少なすぎる状態である。こういうとき、キスメットの社交の動機づけは緊急時のレベルまで高まる。社交のための処理容量が空になったキスメットは、部屋にいる人間の注意を引こうと必死になり、コミュニケーションを求める。

交流が多すぎる場合でも少なすぎる場合でも、キスメットの動機づけは、社交レベルが「ちょうどよい」範囲からはずれるほど強くなる。こうした動機づけの強度の変化は、さまざまな情動の状態に結びつく。「ちょうどよい」ときは快適であり、多すぎると苦痛になり、少なすぎると退屈する。キスメットが退屈する可能性を生じさせるのは、キ

＊6　長期間狭い場所に閉じ込められたために起きる、不安や過敏、イライラなどの不安定な精神状態。

スメットの〝欲する〟ための処理能力なのだ。キスメットが十分な没頭を切望することによって、退屈が生まれる条件が設定される。この退屈状態が、基本的動因を満足させるものを見つけさせようとして、キスメットを周辺の探索へと駆り立てるのだ。

生まれたとき、赤ちゃんは周囲の世界を探索し、影響を与えるように動機づけられている。この動機づけは、発達に欠かせない基盤であることがわかっている。それがないと学習が起こらないのだ。実際、私たちは周囲にあるものを探索することによって知能を発達させる。探索は発達の基盤だという考えに沿って、アラン・チューリングは、真のAIは子どもの心をシミュレーションすることから生まれると言った。AI研究者は、ロボットが「なぜ学習するのか」という問いに答えるべきであって、「どうやって学習するか」について考えるだけではいけない。それがチューリングのアドバイスの核心だと、ピエール・イヴ・ウーディユは指摘している。

つまり、私たちはロボットに、環境を探索し、環境に手を加えたいという欲求を与える必要があり、ロボットは、それを実行するなかで知性を発達させるという意味だ。ウーディユの研究チームは、まさにこれを実践してきた。本質的に周囲を調査するように動機づけられたロボットを設計してきたのである。ウーディユは、製作したロボットを探索や操作の機会が豊富な状況に置き、環境との相互作用のなかで、ロボットがどうやって能力を高めていくかを、距離を置いて観察している。彼はまた、新奇の没頭や学習の機会が得られない慣れ親しんだ状況では、ロボットが退屈する事実を発見した。繰り返しになるが、ロボットが知的でありたいと望んだときにはらわなければならない代償は、私たちと同様に退屈であると、私たちは考えている。この観点からすると、退屈と動機づけは、切り離せないほど固く結びついているといえる。

ジャック・ピトラは、共同研究者のＣＡＩＡと仕事をするうちに、ＡＩシステムは退屈する能力をもたなければならないことに気づいた。ＣＡＩＡ、つまりChercheur Artificiel en Intelligence Artificielle（人工知能上の人工研究者）は、ピトラの創造物であると同時に有能な助手でもある。賢明にも、ピトラがＡＩ研究の方法に選んだのは、ＡＩ研究者をつくることだった。ほぼ30年がたった今、ＣＡＩＡは彼の研究に大きく貢献している。おまけに、ピトラは、活動しているＣＡＩＡを観察し、その働きから学習することができる。

ピトラの最終目標は、完全に自律的な人工AI科学者をつくることだ。その目標を達成するために、ピトラはCAIAに自己観察と自己評価の処理能力を与えた。自己観察の処理能力を得たことで、CAIAは自分がしていることを認識し、なぜ自分が問題の解決に成功または失敗したかを理解できるようになった。また、自己評価の処理能力によって、CAIAは最も簡単な問題や最も重要な問題を選び出し、その問題が解決を試みるのに値するかどうかを評価し、解決策が役に立つかどうかを判断できるようになった。CAIAは、これらの処理能力を結合させて、不毛な計算のループから抜け出せるのだ。基本的に、CAIAはハンフリー・ポッター同様、資源の浪費を回避するように動機づけられている。CAIAは退屈を避けようとするといってもよいだろう。

残念なことに、CAIAは、退屈を紛らしてほしいと親にせがむ子どもと同じで、退屈しても停止して不満を言うことしかできない。CAIAは退屈のシグナルを出し、ピトラが介入して問題を解決してくれるのを待つのだ。そのお返しとして、CAIAは自分がいつ、どういう理由で退屈したのかについての情報を提供し、ピトラは、そこから、よりよいＡＩシステムをつくるという彼の目標にとって有益な洞察を得る。ＣＡＩＡは、いつの日かイノベーションを起こし、ハンフリーがスカルキングギアを発明したように、自分で退屈を解決するかもしれない。

一方、キスメットは退屈を緩和するための原始的な仕組みをもっている。退屈を緩和するキスメットの能力のカギになるのは、プログラムのなかの「同じことの繰り返しにうんざりする」（馴化《じゅんか》）という要素だ。この要素は、キスメットが同じことの繰り返しで行き詰まると、キスメットの「注意」をほかに向ける。ハンフリーやＣＡＩＡのように、キスメットも停止するタイミングがわかっているのだ。ブリジールの研究所の所長であるロドニー・ブルックスは、スピルバーグの映画『A.I.』に登場するロボットに敬意を表して、これを「スティーヴン・スピルバーグ・メモリアル」要素と呼んでいる。『A.I.』のロボットは、２０００年間、何もせず、ただ彫像を見つめて座っているのだ。ブルックスとブリジールは、キスメットが同じ間違いをしないように、退屈する処理能力を与えたのである。

退屈に襲われるのは状況がまったく変化しないときなので、キスメットはそれに対応するようにプログラムされている。ところが、退屈は、もう一方の極端、物事が絶えず変化しているときに起こる可能性もある。絶え間なく変わる環境は、あまりに無秩序で騒がしいために意味がなくなり、私たちは退屈し、最終的にはその退屈から抜け出そうとする。これもまた、AI研究者にとっての問題だった。AIエージェントに好奇心をもつような動因を組み込んだ実験で、仮想迷路の通り抜けを学習していたエージェントが、迷路のなかで動かなくなってしまう現象を研究者が発見した。それは、迷路の壁の一つに、コンテンツが絶えず変わる仮想テレビスクリーンを設置したときだった。スクリーンに映し出される画像はすべて新奇で、エージェントの好奇動因を満足させるものだった。一つの場所でいつまでも動かないのは、AIにとっても人間にとっても明らかに適応的ではない。特に、目標が「迷路を探索して出口を見つけること」である場合は、まったく不適応だ。

興味深いことに、ほかの実験で、退屈は探索行動の動因として好奇心よりも優れていることがわかっている。研究者が二種類の異なる人工学習エージェントをつくり、一つの動因を退屈に、もう一つの動因を好奇心に設定したとき、成績がよかったのは退屈のほうだった。これは、好奇心が探索や学習を促すことに失敗したという意味ではない。退屈エージェントが、コンテンツが絶えず変わるテレビにとらえられなかった結果だと考えられる。退屈エージェントが、結局、意味のないノイズに退屈して先へ進んだのに対し、好奇心エージェントはテレビに張りついたままになったのである。

ＣＡＩＡとキスメットは退屈してやめることができた。セス・ゴーディンは、挑発的な著書『ダメなら、さっさとやめなさい！――Ｎｏ・１になるための成功法則』（邦訳：マガジンハウス、２００７年）のなかで、彼が「やめる戦略」と呼ぶものの価値を強調している。「やめる戦略」とは、無駄な努力の袋小路で行き詰まるのを回避する戦略のことだ。「勝者は決してあきらめない。あきらめる者は決して勝てない」という名言とは逆に、勝てる人間はいつでもやめられるし、資源を浪費してしまう前に、やめるべきタイミングを知るのは非常に価値のあるスキルだと、ゴーディンは書いている。退屈、つまり変化を起こすための動機づけは、この点において私たちの味方であり、何か新しいものへと進むように私たちを後押ししてくれる。エルシーにはそれが欠けていた。ハンフリーはそれをもっていた。そして、スマートマシンはそれを手に入れつつある。私たちはあわてて退屈のない生活を求めようとすべきではない。痛みを感じられなくなったらどうなるかは、「人間針刺し」に聞いてみればいい。

退屈を上手に生かすために

情動的なものでも、肉体的なものでも、あらゆる種類の痛みは不快である。私たちは痛みを嫌い、できるだけ早く取り除きたいと思う。退屈も同じだ。だから、退屈が発する最も緊急で切迫したメッセージは、「この嫌な気持ちを取り除きなさい」というものだ。実際、変化を起こすのは好ましいし、精神的に空虚な状態でいるのはだれにとってもよくない。

しかし、最大の難問が残っている。「何をすべきか」ということだ。退屈は、その問いに直接答えてくれない。没頭するためには、目下の作業に傾けている努力を倍増するべきなのかもしれない。あるいは、何かほかのことを試してみるべきなのかもしれない。だが、もしそうだとすると何に？　私たちをますます追い詰めるのは、退屈があまりにも不快なために、最も手っとり早く、最も簡単で、最も効果の大きい気休めに飛びついてしまうことである。それは、長い目で見ると最善の策ではない可能性がある。だから、私たちは「この嫌な気持ちを取り除きなさい」という声よりもずっと深いところから来るメッセージに耳を傾け、行動に向かわせる動機づけに適応的に反応しなければならない。そのためには、第2章で議論した退屈の原因を念頭に置いておく必要がある。肉体的な痛みについていえるのと同様に、私たちは、原因を理解したときに初めて、本当に効果的な反応ができるのだ。それができなければ、私たちは、哀れにも次から次へといろいろ試すしかなくなり、応急処置にすぎないものを見つけては解決策だと信じ込むだろう。

退屈が、最も深いレベルで教えてくれるのは、私たちが能力を無駄にしていて、主体感をもつ形で世界に没頭していないということである。あるいは、ロバート・ホワイトの言葉を借りれば、「自分の能力を発揮し、発展させたい」という欲求を満たしていないといえる。だから、退屈を感じたときに届くメッセージは、ただ「不快な気持ちをできるだけ早く取り除きなさい」というだけではなく、「世界とやり取りする方法を見つけなさい」といっているのだ。それが見つかれば、うまく没頭できるし、自分の欲求や能力を表現することもできる。

退屈が発する行動への呼びかけを有効にするためには、変化を促すという表面的な動機づけの下で、退屈が最終的に求めているものを念頭に置いておかなければならない。それは、私たちが主体として自分を表現し、自分が行う選択の主導権を握ることである。その最善の状況においては、私たちが主体感を取り戻し、何をしたいのか見出し、世界とのやりとりに没頭できるようになるまでは、退屈は私たちを休ませてくれないだろう。

だが、これは一筋縄ではいかないことである。退屈しているとき、人は、自分にできるのは不満をもらすことしかないと思うほど、コントロールを失っているように感じている。ところが、まさにそのときこそ、自分の主体感の再発見が最も必要とされるのだ。自分を、満たされ、刺激され、癒されるべき空っぽの器のように扱っていてはいけない。主体であるというのは、努力を必要とする事柄である。自分と周囲の人々、両方のなかで主体感を強めるためには、毎日一歩ずつ進んでいく必要がある。

そして、いつも注意していなければならない。なぜなら、私たちの主体感を挫折させる力は常に変化しているからである。退屈の原因は、人生の各段階で、さまざまな姿で現れるのだ。

第4章

年齢や成長と退屈の関係

・
・
・

今月に入ってもう3度目のことで、さすがにショッピングモールの警備員も驚くばかりだった。彼女はまた、しおれてぽつんと店長室の椅子に座っていた。彼女がそれまで万引きしてきた品物ときたら、意味のないものばかりだった。あるときは搾乳器とベビー服だったが、明らかに妊娠しておらず、近々そうなる可能性も考えられなかった。今回は、少なくとも2サイズは大きいブーツだった。警備員は、ティーンエージャーによる気まぐれな盗みはよくあるものだと思うようになっていた。実際、そうだったから。若い子はいくらでも時間があるし、これといってすることがない。ところがジューンは76歳で、ひ孫までいる。

「ジューン、一つ質問に答えてくれないか」

何度も同じようなことが繰り返されたために、二人はファーストネームで呼び合う間柄になっていた。

「なぜ、こんなことをするんだ」

嫌悪とも退屈ともつかない表情で、その年金暮らしの女性は彼を見上げた。

「年をとるっていうのがどんなことかわかるかい。退屈なんだよ。何にもすることがないんだ。それだけさ」

それならキャンディーバーを盗む10代の子とたいして変わらないじゃないか、と彼は思った。物を盗みたいという彼女の欲求は、とにかく何かをしたいという要求から生まれていたのだ。

・・・

10代と70代はともに時間がいくらでもあって、使いみちもないので、心がひどく不安定だ。私たちは、放課後に何時間もショッピングモールをうろつくようにできていない。また、定年後の暇をつぶすために、一日中、家でソファに座り、クイズ番組やドラマを観て過ごすようにもできていない。ゆりかごから墓場に至る人生の始めと終わりで、退屈は「もっと何かが必要だ」というシグナルを出す。

これまで、退屈に関する調査の対象は、きわめて狭い範囲に限られていた。突出して多く調べられた年齢層は17〜22歳である。つまり、こうした調査の大部分は、世界中の大学生を対象に実施されたということだ。この年齢層では、退屈傾向は年齢とともに減少する。だが、このデータは、退屈が年齢の上昇にともなって減っていくことを意味するのだろうか。それとも、山や谷があるのだろうか。将来、だれの退屈傾向が強くなり、だれの退屈傾向が弱くなるのか、人生の早い段階で教えてくれる予測因子はあるのだろうか。そして、晩年に訪れる退屈は、人生の初期の退屈と同じ原因で起きるのだろうか。

生涯を通した退屈について最も早く言及した研究の一つは、実は退屈の反対概念の一つ、好奇心に注目したものだった。ボルチモアにあるアメリカ国立老化研究所のレオナルド・ギアンブラらは、生涯を通した好奇心と刺激欲求について調査した。また、これらの経験に必然的に関わるものとして、退屈を感じる傾向にも目を向けた。私たちやほかの研究者と同様に、ギアンブラらも、退屈レベルが10代後半から成人若年期にかけて低下することを確認した。だが、彼らはそこでとどまらず、成人若年期を越えて20代前

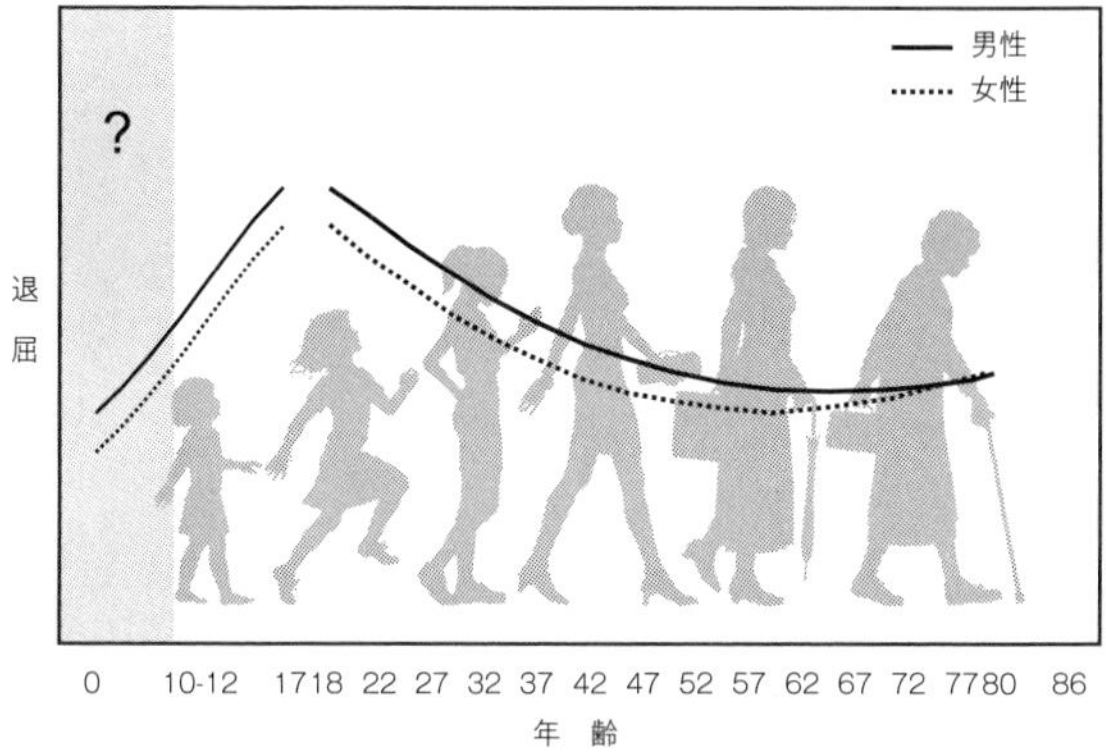

図4.1　このグラフを作成するために使用したのは、1992年のギアンブラらの研究と、10～12歳から17歳のあいだの短い期間を対象にした多くの研究のデータである。ギアンブラのデータは年齢と退屈との二次関数的関係を示しており、退屈は10代後半から減少し、60代前半（60～65歳）以降わずかに増加している。10～17歳のあいだの退屈の増加と、10代後半からの減少については詳しく研究されているが、人生の後半についてわかっていることは、はるかに少ない。また、10歳未満（クエスチョンマークのついたグレーの領域）の退屈については、ほとんど何も知られていない。

半以降にも踏み込み、退屈レベルの低下は50代まで続くことを発見した（図4・1）。ところが、60代になると、退屈レベルはふたたびゆっくりと上昇を始め、特に女性に顕著であることがわかった。

年齢によって退屈しやすい傾向（退屈傾向）が変化することは、非常に興味深い問いにつながる。つまり、「生涯を通した退屈レベルの変化には、何か特別な理由があるのか」という疑問である。10代後半～20代前半の退屈傾向の減少が神経発達の最終段階と並行することに、私たちは注目している。これは、観察された退屈の変化に対する一つの説明になるだろう。前頭前皮《ぜんとうぜんひ》質《しつ》[*1]にネットワークが完成すると、退屈を経験する性向が減少するのだ。図4・1の右端における退屈レベルのわずかな上昇も、前頭皮質に関係している可能性がある。こちらは、通常の加齢にともなう前頭皮質の機能低下によるものだ。

年齢と退屈傾向の関係は、境遇の面からも説明できそうだ。ほとんどの国は、まさに前頭皮質が完全に発達した時点で、市民に一連の権利と責任、自由を与える。車の運転や選挙権、兵役、飲酒などはすべて、私たちの環境と、その環境とやり取りする私たちの処理能力が変化したしるしである。その結果、主体感が増大し、退屈する余地は小さくなる。自己決定の機会が増え、退屈を避けるためにできることが増えるのだ。

では、中年期はどうだろうか。この年代になると、別の種類の責任がのしかかってくるために、ほとんどの人が退屈を経験しない。中年期には、キャリアや配偶者、子ども、住宅ローンなど、取り組むべきことがたくさんあり、退屈している暇はないのだ。

こうした責任から解放されるのは、退職を迎えたときである。環境や肉体的、精神的な限界によって、能力を十分に使えなくなると、没頭することが少なくなり、孤立するリスクが高まる（第６章参照）。ふたたび退屈が頭をもたげる可能性が出てくるのである。

全年齢層にわたる退屈傾向レベルの変化について説明しようとすると、このテーマに関する研究が非常に少ないために、大部分が推測にならざるを得ない。科学の世界の外では、かなり前から年齢と退屈についての見解が公表されてきたことを考えると、これはやや意外なことに思える。どのような生物学的あるいは社会的要素が、年齢層によって退屈レベルに与える影響が変わるのかに関して、明確になっていることは何もないのだ。低年齢のティーンエージャーに社会的要素が与える影響を、特定の環境（教育環境など）や人口統計（田舎と都会の比較など）に焦点を絞って調べた研究はいくつかある。だが、それだけだ。そのうえ、どの研究も、より大きな文化間の違いには触れていな

＊１　大脳の前頭葉《ぜんとうよう》の前側の領域。注意の操作を含む高次の認知処理、行動の計画、人格の発現、社会的行動の調節に関わっていると考えられている。

い。西洋の個人主義と東洋の集団主義は明らかに違うが、退屈についても、年齢層によって異なった表れ方をするのだろうか。たとえばアメリカとカナダのような、もっと微妙な文化の違いすら、退屈の捉え方や反応のしかたに影響を与えているかもしれない。はっきりしているのは、私たちにはまだ調べるべきことが山ほどあるということだ。

なぜ子どもはすぐ退屈してしまうのか

具体的な状況は違っても、すべての親は「退屈だから、どうにかして」と子どもにせがまれた経験があるはずだ。親の大半は、子どもたちの退屈を本人の問題だとして、あっさりと退ける。私たちの退屈の捉え方からすると、退屈を取るに足りないこととして片づけ、何をすればいいかという対処方法をあれこれと教えるのは、明らかにピントがずれている。退屈は、することがないから生じるのではないし、没頭することの動機づけが弱まった結果でもない。まったく逆だ。退屈している子どもは、世の中にはすることがたくさんあるとわかったうえで、自分を満足させてくれるものを求めているのだ。子どもが得ようとしてもがいているのは、方程式の「解き方」なのである。子どもが親に「退屈をどうにかしてほしい」と求めている事実は、彼らを取りまく現実を反映しているだけかもしれない。親は現実的に、子どもの世界の大部分をコントロールしている。それなら、退屈もコントロールすればよいのではないのか。

しかし残念ながら、親は、子どもが退屈しているときは、耳を貸さないようにできているようだ。絆（愛情）ホルモンのオキシトシンが、泣いている子どもへの共感を増大させるのは、泣いている原因は病気だと親が思ったときだけだ、という事実が明らかにされている。子どもが悲痛な表情をしていても、それが退屈のせいだと考えたら、オキシトシンは分泌されず、行動を起こさない。その結果、退屈している子どもは、自力で問題を解決せざるを得なくなる。それは、長い目で見ると、実は関わっている人すべてにとって最善の選択かもしれない。

子どもの退屈はいつも親に簡単に片づけられるが、研究の世界でも見過ごされてきた。児童期の退屈、さらに子どもから高齢者まで全体にわたる年齢層の退屈についての理解を妨げているのは、経時的変化に関心のあるすべての研究者が直面する設計上の制約である。理想を言えば、私たちは、同じ個人を就学前から観察し始め、できるだけ長く追跡する、縦断的な研究がしたいのである。しかし、観察対象を人生の終わりまで追跡するのは到底無理だし、5~10年間把握するのですら容易ではない。そのため、これに挑戦しようと思えば、横断的調査と呼ばれる方法を使うしかない。関心のある年齢層が含まれる、さまざまな個人の集団を対象に退屈について調査するのである。

幼児を対象にした退屈の調査には、また別の困難がある。4歳の子どもが退屈だと言うとき、大人が使うのと同じ意味でその言葉を使っているのだろうか。定義の問題以外にも、児童がほとんどの時間を過ごす教室で「退屈」という言葉がタブーとされている可能性もある。だが、どんな困難があるにしても、結果的に、10歳未満の子どもの退屈について理解するための研究はほとんど行われてこなかった。ある研究では、3年生と4年生に退屈した経験について質問し、その回答を数学と読解の能力と比較した。その結果、退屈は学力の低さと関連しており、特に読解力で顕著だった。一方で、読解力が高い子どもの退屈レベルは低かった。

読解には、単語を映像に、会話を想像上の口調に、場面を心の中の生き生きとした出来事へと変えるだけの想像力が必要である。そのため、読解力の高さは高度な想像力を反映し、高度な想像力は題材への没頭の深さを反映すると考えられる。していることが何であっても、有効に没頭すれば、退屈は避けられるのだ。３年生と４年生は「読むことを学ぶ」から「学ぶために読む」への重要な移行期である。もし子どもが読むことに困難を感じるようなら、その子たちの学習活動への取り組みはますます難しくなるだろう。残念ながら、こうした研究は一時点を捉えたものであり、「どんな要素が年齢による退屈レベルの変化と関係するのか」については教えてくれない。

長いあいだ、成人の退屈は、刺激欲求とリスクテイキング[*2]の増大に結びつけられてきた。子どもに関しては、ジョージア大学のメアリー・ルッソらが、７歳頃から刺激欲求がわずかに上昇し、思春期へと続くと指摘している。これに自己決定能力の制限が加わると、退屈レベルの上昇を招く可能性が生じる。一方で、子どもたちは新しい感覚を求

＊2　危険を認識していながら、その危険を冒す行動をとること。

め、それを経験したいと思う。他方、彼らの自己決定のための処理能力（したいことを選ぶだけではなく、目指す目標を確実に達成する能力）は、第一に自分の認知能力や身体能力が発達途上であることによって制限され、第二に両親や社会から課せられる外的制約によって制限される。この、自己の能力とそれを制限する世界との衝突は、児童期から青年期へと移行するにしたがって、ますます明確になる。

10代の退屈と非行、成長の関係

バフィン島北部のイヌイットの少年は、11～12歳になると、狩りの技術を磨くために父親について大自然のなかへ入っていく。さまざまな文化において、女の子は、初潮に代表される目に見える生物学的変化と結びついた儀式に参加する。バヌアツ共和国のある島では、7～8歳の幼い男の子は、大人の仲間入りを祝うために、バンジーよりはるかに頼りない一本の蔓《つる》を足に結びつけ、30メートル近い高さの塔から飛び下りる。これらの慣習に共通するのは、文化によって決められた、子どもからティーンエージャーへの移行であり、より高度な認知能力の多くが現れる時期と一致するケースが多い。同様に、この移行は、生涯を通した退屈の発現のキーポイントの可能性がある。

ブラックジョークのように聞こえるだろうが、人間は、世界に影響を与えられるようになればなるほど、退屈にとらわれやすくなる。その根拠は、退屈は世界に没頭しようとする試みの失敗から生まれるという、私たちの主張だ。新しい認知スキルが発達して、没頭する処理能力が高まると、新たに見出された処理能力が十分に利用されていないことに気づく可能性も高まる。特にこれがあてはまるのは、世界がまだ行動の選択肢をすべて与えてくれていないときである。つまり、ほとんどのティーンエージャーが該当するといえる。彼らは、選べる行動が制限されているか、時間はいくらでもあるのにすることがほとんどないか、どちらかの問題に直面している。いずれにせよ、行き着くのは退屈である。

先ほど言及したような儀式の多くは、どの生活年齢よりも緊密に、青年期への生物学的移行に関係している。ホルモンが急激に増加し、情動強度が高まるのにともなって、新たに見出された認知能力が活躍し始める。なりたてのティーンエージャーが立っているのは、強く複雑になった情動の入口であるだけではなく、抽象的な思考力や、複雑な問題の解決力、挑戦を通じた論理的な推理力など、向上した能力の入口でもある。それによって、ティーンエージャーはティーンエージャーになるといえる。すなわち、強い情動をもち、認知能力が活発に働き、議論すれば人を怒らせる存在になるのだ。

ところが、ティーンエージャーの情動の発達と認知の発達は、同じ軌道をたどるわけではない。脳の情動ネットワークが、ホルモンの大量分泌によって急激に変化する一方で、認知・論理的思考システムは、10代の10年とその後の期間をかけ、完全な大人の能力に向けてゆっくりと発達する。ピッツバーグ大学の研究者ロナルド・ダールは、これは、運転席に座った「未熟なドライバーがエンジンをかける」ようなものだと言っている。発達や機能の特性が異なるこれら二つのシステムは、互いに牽制し合っていると考える研究者すらいる。情動と理性との一種の綱引きだというのだ。

このモデルは、発達中で不完全な感情への対処能力とともに、報酬への感受性の高まりと強い情動が、10代を通した退屈レベルの上昇の核心にあることを示している。こうしたこと全体が、また、刺激欲求を強めている可能性もある。認知スキルの発達にはそれを実践する場が必要なので、この動因はティーンエージャーを好奇心と情報探索の両方に駆り立て、同時に、新たな物事を経験するスリルを追求させるのである。

これは、ティーンエージャーが通り抜けなければならない、境遇の複雑な迷路である。彼らは「自分を表現し、世界を探求したい」という激しい動因を経験するが、自分の強い情動性を理性の枠に入れてコントロールすることができず、規則や制限について頑迷な大人と常に衝突するのだ。ティーンエージャーは、お仕着せの時間割のある学校に通わなければならない。学校外のほとんどの活動は親が決め、友だちと遊んだり、ネットやテレビに費やしたりする時間は制限される。こうした制限は、ティーンエージャーの強い衝動、すなわち、自律性と自己決定権への欲求を阻む働きをする。実際、大学生を対象にしたある研究では、退屈経験を記述するために最もよく使われる語は「手もち無沙汰感」だった。おそらく、学習環境によって課せられた制約を打ち破りたいという欲求から生まれたと考えられる。

そうした制約の裏返しが、もう一つの退屈の温床、時間がたくさんあるのに何もすることがない状態だ。ある推計によれば、青年がもっている時間の約40％が自由時間だという。多くのティーンエージャーにとっては、この、いわゆる余暇が退屈なのだ。自由に使える時間が豊富にあり、刺激欲求が大きく、満足を与えてくれそうなことがないティーンエージャーは、スキルを十分に活用できず、退屈におちいりやすい。

南アフリカの若者を対象にした最近の研究が、有益なデータを提供してくれている。この研究によれば、自由時間が多い若者ほど性行為を行う頻度が高い。退屈が重要な役割を果たしているのだ。この研究では、概して雇用水準が低く、社会的地位が低く、自由時間が多い若者ほど、高いレベルの退屈と手もち無沙汰感を示した。これは、高校の2年間にわたってティーンエージャーを追跡した数少ない長期的研究の一つである。9年生(日本の中学3年生)で高いレベルの退屈を示した生徒は、後年、性行為に積極的で、性欲が強いことが判明した。9年生で高いレベルの退屈を示した男子は、コンドームを使わないとか、行きずりの相手と性交渉をもつといった、リスクの高い性行動を示す可能性が高かった。同じように、ニューメキシコ州の田舎の若者を対象にした研究では、高いレベルの退屈は、使い方が決まっていない時間の多さや、有意義な活動に関わる機会の少なさと関係があることが明らかになった。また、こうしたティーンエージャーはドラッグの使用率が高く、「もめごと」を起こす可能性が高いことも判明した。退屈していて、自由な時間が多すぎる状態は、明らかに特定の結果につながるのだ。

危険をともなうセックス、ドラッグの使用、もめごと。これらすべては、10代の一群の欲求を表しているのかもしれない。すなわち、自立を主張し、新しい経験を追求し、新たに獲得したスキルを実践したいという欲求である。ティーンエージャーが、親の監督、制度的な制約、機会の欠如などによって制限された環境と向き合ったとき、退屈が伸張する。そして、10代の情動の動揺が頂点に達した17歳を境に、退屈のレベルは低下し始める（図４・１）。この低下が訪れる年齢は、まさに自律と自己表現の機会が与えられるときであり、セルフコントロールの処理能力が成熟し始めるときである。

大人への入り口で退屈レベルは下がっていく

制度的な視点から見ると、ティーンエージャーは18歳頃に学校制度を離れ、就職するか、大学という選択肢にあふれた環境で高等教育を受ける。彼らは、選挙権や自動車免許から合法的な飲酒まで（少なくとも世界のいくつかの地域では）それまでもったことのない権利と責任を与えられる。

この、10代の終わりにおける自由と機会の急増は、退屈のレベルが低下する原因の一部にすぎないように思える。すでに述べたように、思春期の始まりは、特定の生活年齢に関わりなく、退屈の潜在的な増大を示すシグナルの可能性がある。それと同様に、10代後半でも、退屈レベルとの関連性が高いのは、生活年齢より、その背後で激しく動く生物学的プロセスかもしれない。18歳までに、人間存在の複雑な情動が解き放たれると、ティーンエージャーは、欲求と目的に沿って、より適切な行動をとるために必要な認知スキルを磨き始める。だが、ゴールまでにはまだ少し距離があり、脳が完全に発達するのは20代の初めから半ばである。とはいえ、10代の後半までには、脳の前頭前皮質と呼ばれる部分が明らかに発達する。

脳の前頭前皮質は、ほかの部分に対して、いわばＣＥＯ（最高経営責任者）のような働きをしている。基本的な感覚や運動を処理する脳の領域から送られてくる情報に基づいて、複雑な行動をコントロールしているのだ。美や勇気といったものについて考える抽象的な思考力、将来のプランニング能力、つまりキャリアパスを描くことを可能にする未来思考力、葬儀の場で笑いをこらえる抑制機能、これらはすべて遂行機能、企業でいえば執行機能に含まれる。個々の能力が遂行機能とみなされるのは、それが複雑で多面的であり、自由意志に見えるものによって意図的に発動されるからだ。要するに、前頭前皮質の発達によって、セルフコントロールや自律性のレベルがさらに高まるのである。

脳のこの重要な部分を損傷したとき、年齢にかかわらず起きることに注目すると、成人初期に見られる退屈の減少は前頭前皮質の発達に関連しているという、私たちの考えが強められる。外傷性脳損傷を引き起こす原因で多いのは交通事故やスポーツでの頭部の強打、酒の入った暴力沙汰などだ。アメリカでは毎年約２８０万人が外傷性脳損傷と診断されている。外傷性脳損傷で最も影響を受ける脳の部位は前頭前皮質であり、外傷性脳損傷の必須条件は、専門家が「遂行機能障害症候群[*3]」と呼ぶ症状である。

＊3　目標を設定し、そこに到達するまでの過程を計画し、効果的に遂行することが困難になる高次脳機能障害。主に前頭葉部位の損傷によって生じる。自発行動や客観的自己認識、能動的行動が困難になり、刺激に対して衝動的に行動しやすくなる。

以前から、脳損傷の患者を担当する臨床医は、患者がしばしば退屈を訴えることに気づいていた。今回、私たち自身のデータで、外傷性脳損傷の患者が報告した退屈のレベルは健康な人々より高いことがわかった。これまで症例報告や臨床経験から推測していたとおりの結果である。私たちが調査した患者の場合、退院してからずいぶん時間がたっているので、ただの単調な入院生活に対する反応ではない。外傷性脳損傷を経験した人々が、満足を得られ、意味を感じられる形で世界と関わるのが難しいのは、彼らのなかで何かが変わったことが原因のように思える。

外傷性脳損傷の経験者の退屈を増大させる重要な変化は、自己調整とセルフコントロールのレベルの低下である可能性が高い。逆に、10代後半におけるこれらの機能の急成長こそ、成人期に足を踏み入れるときに退屈レベルの急速な低下を引き起こしたものだろう。データから明らかになるもう一つの事実は、脳が完全に成熟したあとも、時間の経過とともに、退屈のレベルが低下し続けることである。

中年期は退屈も中ぐらい？

不満と行動化[＊4]（男性であれば、非実用的なスポーツカーをスマホで買うといった行動）のためにひどく評判の悪い中年期は、特に、退屈を訴える可能性が低いように思われる。ギアンブラの研究（図４・１）に戻ると、退屈のレベルは20代から低下し、50代で底を打ったあと、60代以降にわずかに上昇している。この、中年期を通じた退屈の減少パターンは、最近、アリシア・チンらによって確かめられた。彼女たちは、平均年齢44歳の４０００人近いアメリカ人から膨大な量の生活サンプリングデータを集めた。チンは、ギアンブラとまったく同じように、中高年層は退屈を訴える傾向が小さいことを明らかにした。注目すべきなのは、退屈の減少が直線的ではないことである。つまり、25歳の退屈レベルは、45歳の退屈レベルの４倍だが、45歳と60歳の退屈レベルはほぼ同じだった。

＊４　内的な緊張を緩和するために無意識的に過剰な行動をとる現象。

チンらの研究から、私たちは、中年期を含めて、退屈がどういうものであるかについても、いくつかの示唆を得た。まず、少なくとも7~10日に1回退屈を感じる人は、調査対象の63%にのぼった。報告された17種類の気持ちのなかで、退屈はトップ10入りし、第7位だった。また、報告されたネガティブな気持ちのなかで、退屈は、疲労感やフラストレーション、無関心に次いで四番目に多かった。退屈は、いったん発生すると、孤独感（第8章で取り上げる）、怒り、悲しみ（第5章で取り上げる）といった、ほかのネガティブな気持ちをともなうことが多い。だから、中年期に退屈率が低下し続けるという事実はあっても、退屈がまったく消えてしまったように感じるわけではない。退屈は、間違いなく私たちの日々の生活の一部であり続けるのだ。

チンらの研究は、退屈レベルが成人若年期から中年期にかけて低下する理由について、いくつかのヒントを与えてくれる。なかでも最も重要なのは、若者と中高年の時間の使い方である。この研究によって、人々が最も多く退屈を訴えるのは、勉強しているとき、高校や大学に行っているとき、知らない人々のグループに加わっているときだということがわかった。若者は、当然、中高年よりもこうした状況に置かれる可能性が高い。退屈が中高年に少ない理由は時間の使い方にあるという解釈は、少なくとも部分的には、チンらの統計的分析によって裏づけられた。実際、彼女たちはもっと一般的な結論にたどり着いている。すなわち、退屈は、年齢といった人の属性ではなく、主に人が置かれた状況によって決まるというのだ。

率直にいうと、中年期の退屈についてはほとんどわかっていない。むしろ、研究対象にならないこと自体が、中年期の退屈における生活環境の役割を間接的に示しているのかもしれない。つまり、中年期には、キャリアを築くことや家庭をもつこと、住宅ローンの責任を果たすことなどに一生懸命で、おそらく調査に協力する余裕がないのだろう。そして、彼らを研究室から遠ざけているこれらの要素が、彼らが経験する退屈のレベルが比較的低い事実の原因でもあるのかもしれない。

若い成人と、人生の半ばにある人々との対比で浮かび上がるのは、退屈にとらわれる可能性に境遇が与える影響である。それはキャリアから住宅ローンにまでおよぶ。境遇の影響は高齢者でも明らかであり、これが認知スキルの変化に行き着いて、晩年における退屈の急増を助長している可能性がある。

高齢者の退屈

退屈が生まれるのは、「世界に没頭したい」という欲求が満たされず、心が空っぽな感じがするときだと、私たちはずっと主張してきた。高齢者にとって、退屈の温床をつくる原因は二つある。一つ目は、加齢にともなう認知能力の低下である。その結果、セルフコントロールや注意に障害が生じるが、それは退屈の増大と関連することがわかっている。二つ目として、年齢を重ねると社会的接触のネットワークが縮小する。満足が得られる活動に関わる環境的な機会が減少するのだ。これら二つの原因は同時に働いて、それぞれが他方の効果を増大させると考えられる。

アイルランド王立外科医学院のローナン・コンロイらは、65歳以上の高齢者のグループを調査し、この集団において、何が認知機能の低下と関連しているかを解明しようとした。彼らは三つの主な要因を見つけた。社会的支援の不足（外部からの社会的支援が乏しい環境での独居生活）、個人的認知予備能の減少[*5]（社会活動や余暇運動のレベルの低下と、孤独感や退屈感のレベルの上昇）、社会人口学的認知予備能のレベルの低さ

（村落コミュニティーでの生活や教育水準の低さ）である。専門用語を使わずにいえば、認知機能の低下に関係しているのは孤独と退屈だということだ。高齢者の孤独と退屈は、もっと広く捉えれば、最適な形で世界に没頭できない状態を表している可能性がある。その原因が、少なくとも部分的には、認知機能の低下だと考えられる。確かに、研究では、高齢者の認知機能の低下が、特にプランニングや自己調整の領域で顕著であることが示されている。これらはともに、通常は前頭前皮質が支える遂行機能であり、10代後半や20代前半で退屈を防いでいるのと同じものである。

悲しいことだが、多くの人々が歳月の経過によって認知機能が悪化していくとともに、世界に没頭することで満足を得る機会もいつの間にか奪われていってしまう。友だちは次々に亡くなり、身体的な病気のために、かつてと同じように没頭できなくなり、外部環境による制約が増加する。これらすべてが私たちを退屈の危険にさらすのだ。晩

＊5　予備能とは、病理学的侵襲によって機能低下が生じるまでの潜在的余裕のこと。認知予備能は、個人の元来の知的特性、受けた教育内容、職業で必要とされた知的能力、余暇の充実度、社交性、運動習慣などに基づく。

年に見られる変化によって、私たちは、困難が少なく、刺激のない状態に置かれることになる。

オハイオ大学のジリアン・アイスは、養護老人ホームの入所者は1日の半分近くをほとんど何もしないで過ごしていると報告している。眠るか、テレビを観るか、ほかの受動的な活動をしているのだ。明らかに、こうした活動は興味を喚起しないし、生きることに積極的に取り組む能力を制限してしまう。実際、高齢者は高いレベルの退屈を報告しており、それは明らかに、することがほとんどない状態に対する反応だと考えられる。注目すべきなのは、高齢者が同時に「手もち無沙汰で、気持ちが落ち着かない」とも答えていることだ。この、生理学的な覚醒度の低下と手もち無沙汰の感覚は、どの年代の退屈を取り上げた文献にも共通するもので、高齢者のあいだに見られても驚くことではない。毎日、昼間のワイドショーを観て心拍数が上昇するとは考えられないだろう。10代を対象にした研究は、生活に単調さを感じたときの反応として生じる、手もち無沙汰感と無気力の奇妙な組み合わせを一貫して強調している。そもそも、生活が単調に感じられること自体が、「何もすることがない」という気持ちの直接の結果である。

だから、人生の両端で退屈を引き起こすメカニズムは同じだと考えられる。自分のスキルや才能を十分に使っていないという感覚があるのだ。

「精神的に満たされていないのに、無意味な活動に没頭している」という気持ちは、より広く、私たちの生きがいの感覚と密接に結びついている。意味づけと退屈の関係については、あとの第7章で検討するので、ここでは、型にはめたような生活は、入所者の退屈を防ぐのに十分な意味を提供していない可能性があるとだけ言っておこう。

「生涯を通して、どのように退屈が現れるか」について解明できていないのは、研究に多くの欠落部分があり、長期的なデータがなかったためである。だが、重要な研究テーマを特定することはできる。ことに重要なのは、生物学的に画期的な出来事である。たとえば、児童期から10代への移行には、強い情動と、発達中だが完成していない認知スキルとの衝突がともなう。10代の終わりから成人初期にかけては、より成熟した脳、つまり、思考と情動をより適切にコントロールできる脳への移行が起きる。晩年には、こうした能力の低下が退屈の原因になる。境遇も同じように重要だ。自由に使える時間が豊富にあるのに、使いみちがほとんどないティーンエージャーは、施設で生活する高齢者とまったく同じ状況に置かれる。どちらも、没頭できるほど意味のあることを提供されないのだ。

では、退屈は生涯をつらぬく問題なのだろうか。4歳でも、40歳でも、80歳であっても、自分がスキルや才能を十分に使っていないと感じれば、退屈は生まれる。「自分はもっとやれるはずだし、もっとやりたい」と思っているのに、どうすればその欲求を満たせるのかわからない状態が退屈である。それがいつ起きるにせよ、退屈が警告する苦境は決してささいな問題ではない。

第5章

退屈が私たちにもたらすもの

・・・

いつもどおりのフライトになるはずだった。サンディエゴ発ミネアポリス行きのノースウエスト航空（現デルタ航空）188便は、中部夏時間の午後5時1分に出発した。離陸から2時間たった午後6時56分、航空交通管制官はデンバー上空の188便と交信できなくなった。

なぜ応答しないのか。何かトラブルでも起こったのだろうか。関係者の脳裏に最悪の事態が浮かんだ。航空業界には9・11の記憶がまだ生々しく残っていたのだ。NORAD《ノーラッド》（北アメリカ航空宇宙防衛司令部）に連絡が行き、戦闘機が離陸の準備に入った。

各部署で緊張が高まったが、コックピットだけは違っていた。パイロットが緊張を強いられる段階はすでに終わっていた。旅客機は巡航高度に達し、自動操縦に切り替わっていた。あとは単調な地平線が果てしなく続くだけだ。退屈が襲ってきた。パイロットたちの脳裏にはとりとめのないことが浮かんだ。気持ちが落ち着かない機長はトイレに立った。珍しいことではないが、機長が操縦席を離れているあいだに、管制官から副操縦士に無線の周波数を変えるように指示があった。副操縦士は指示を実行したが、数字を間違えて、デンバーではなくウィニペグに合わせてしまった。ウィニペグから無線を通して聞こえる、ペチャクチャとしゃべる声にだまされて、彼は正しいチャンネルに合わせたと思い込んでしまった。機長が戻ってくると、二人は新しいスケジュール管理システムについて話し始めた。暇つぶしになるなら何の話題でもよかったのだ。退屈した心を満たすために、二人はそれぞれノートパソコンに注意を向けた。ウィニペグがおしゃべりを続ける一方で、デンバーはなんとか連絡をとろうと必死になっていた。

ノースウエスト航空の運航本部も、機内のデータリンクシステムを通じてコンタクトを試みた。ほとんどの旅客機ではこのシステムが警告音を発するようになっているが、エアバスＡ３２０は違っていた。ちっちゃなランプが30秒間点灯するだけなのだ。あちこちに移ろうパイロットの注意を捉えるには、明らかに不十分だった。

ついにミスが判明した。旅客機がルートを１６０㎞もはずれていることにパイロットが気づいたのだ。管制官はパイロットに次々と方向転換を指示し、彼らが旅客機を完全にコントロールしていて、テロリストに脅されて操縦しているのではないことを確認した。戦闘機には出撃中止命令が出され、旅客機は無事に着陸し、乗客は説明を受けたものの、何が起きたのかわからないままだった。

・・・

退屈は諸悪の根源のようにいわれる。攻撃的な行動や薬物の乱用、嗜癖《しへき》、スマートフォンへの過度の依存などは、すべて退屈のせいにされてきた。しかし、本当に怖いのは退屈そのものではなく、むしろそれに付随するものではないだろうか。

たとえば、イギリスの公務員を対象に行った調査では、調査を開始した時点で強い退屈を訴えた人は、３年後に心疾患で死亡する可能性が、退屈を訴えなかった人より高かった。文字どおり、死ぬほど退屈するということがありうるのだ。ところが、研究のなかで、雇用環境、健康、身体的活動レベルなどの因子を統制すると、退屈と死亡との関連は消えてしまった。

退屈がもたらす結果についての研究には多くの難しい問題があり、既存の研究の大半には、最終的な結論を出せるだけの厳密さがない。一つの問題は、「一時的状態としての退屈」と、頻繁に強い退屈を感じる、パーソナリティに基づく傾向（特性としての退屈）とを明確に区別することである。退屈を感じやすい、パーソナリティに基づく傾向から心理社会的問題が予測されることと、退屈状態が問題を引き起こすということは、まったく別のことである。退屈がもたらす結果についてのこれまでの研究の多くは、この区別に十分な注意をはらっていなかったと私たちは考えている。本書全体を通して、私たちが「退屈」という語を使うのは気持ちの状態を表すときであり、「退屈しやすい傾向」とか「退屈傾向」という語句を使うのは人格特性を指すときである。

この章では、退屈の結果として生じる可能性があるものに焦点を当てる。ここでいう退屈の結果には二種類ある。一つは、状態としての退屈のデータを研究室で処理したもの。もう一つは、退屈レベルの変化が、退屈の結果とされる事象の変化に先行することが、長期研究から明らかになっているものである。長期研究のなかには、一部、状態としての退屈を推定したものがあるが、それ以外は長期にわたって退屈のレベルを計測している。たとえば、先ほどのイギリスの公務員についての研究では、調査の初めに4週間にわたって退屈のレベルを質問している。

退屈や、退屈しやすい傾向が、その結果とされるすべての事象を直接引き起こすとは限らないが、重要なのは、退屈が生む不快感に私たちがどう反応するかである。退屈は、私たちを、健康に直接影響を及ぼす不適応な行動に走らせる可能性がある。退屈したとき、私たちは、何カ月か前に買った推理小説を読み始めることもできれば、ポテトチップスの袋を手にソファに寝そべって、午後いっぱいテレビを観て過ごすこともできる。明らかに、一方の選択肢はもう一方より健康的だ。退屈が問題になるのは、この間接的な意味においてである。退屈のシグナルに対する私たちの反応のほうが、問題を引き起こす、より直接的な原因なのだ。

では、退屈のシグナルに適切に注意をはらわないと、どんな結果を招くのだろうか。ミネアポリス行きのエアバスの話で浮き彫りになったように、単純、反復的、意外性がない、熟知している、といった作業をしているときに、注意が途切れないようにするのは難しい。とはいえ、不注意が重大な結果につながる状況は多くはない。芝刈りは、単純で、反復的で、熟知した作業だが、たとえミスをして刈り残しができても、また芝が伸びた次の日曜日に刈ればよいだけである。だが、携わっている作業が、何百人もの乗客が乗った大きな旅客機を飛ばすというような、重大な結果をともなうものであれば、集中力が途切れると大惨事を招く恐れがある。

反復的で、単調かつ単純な作業をしているときは、退屈感が強ければ強いほど作業の成績が下がる。一定の注意を必要とするが、心的処理能力をすべて傾けるほどではない作業は退屈だ。退屈を追いはらうためには、何かに没頭しなければならない。しかし、退屈な作業は、定義上、「没頭したい」という欲求を満たすことはできない。そこにジレンマがあるのだ。もし、心を満たすものをほかに求めたら、退屈な作業でミスを犯すか、少なくとも最善の結果は出せないだろう。組み立てラインの作業が、現在、ほとんど自動化されているのは、まさにこの理由によるものだ。品質管理のために組み立てラインを監視するのは、単調で退屈であり、注意を維持するのが難しく、退屈に負ける恐れを増大させる。退屈に負ければ、不良品が検査の目をくぐり抜けてしまう。

また、よく知られているが、退屈しやすい人ほど、注意の維持を必要とする作業がうまくできない傾向が大きい。そういう人は、同じ単調な作業をしていても、退屈を経験する頻度が低い人よりも高いレベルの「一時的状態としての退屈」を訴える。注意を集中するのが難しい作業は、退屈を感じやすい人が気晴らしの空想に逃げ込む言いわけを増やすのかもしれない。さらに、退屈を感じやすい人は、退屈な作業への注意を維持するように言われると、あきらめて作業を放り出す可能性が高い。なかには、退屈な作業を深く掘り下げて、集中を維持できる人もいるが、ほかの人々には到底無理である。

退屈な作業を強いられたり退屈な環境に置かれたりすると、私たちはすぐに落ち着きを失う。たとえば、職場で、メールの送受信に関する新しいルールの概要を説明する会議に出席しているとしよう。6歳の子どもでもわかるレベルの話を聞いているうちに、ほとんどの人がもぞもぞと足を動かし始める。上半身を前や後ろに傾け、両手を頭の後ろで組んで腕を伸ばし、次には胸の前で腕を組み、指で机をトントンとたたき、靴をコツコツと鳴らす。やがて、すべてが不快に思え、これ以上我慢できないというような気分になる。無気力をはらいのけ、リセットボタンを強く押さなければいけない――。こんな瞬間は、すぐにも退屈に窒息させられるような気がして、自分が生きていることを確認するために、何かを感じたいという痛切な欲求を抱くかもしれない。そうした渇望は、私たちを危険で不健康な道に引きずり込む可能性がある。

この可能性を裏づける衝撃的な事例が、最近のある研究で示された。その研究では、被験者は何もない部屋に座り、空想するだけで楽しむように依頼された。一部の人は実験がうまくいかなかった。ほかの人は「集中するのが難しかった」、「マインドワンダリング[*1]がひどくなった」、「全然楽しくなかった」などと報告した。次に、研究者は、被験者がただ黙って座っているだけではなく、自分に電気ショックを与えるという選択肢を設定した。すると、多くの被験者が、おそらく退屈を緩和しようとして、少なくとも一回は電気ショックを選んだ。それも、電気ショックがどういうものかを知っていながら、あえて選んだのである。実験を始める前に、被験者は電気ショックを体験してい

＊1　目の前に取り組むべき課題があるのに、それとは無関係なことばかりが頭に浮かんでくるような状態。

た。なかには、「二度とあんな思いをしないですむなら、お金をはらってもよい」と言った人までいた。ところが、いざ退屈すると、そうしたことはすべて吹き飛んで、多くの人が進んでボタンに手を伸ばした。この実験に協力した人々は、退屈を軽減するために電気ショックを使おうとした事実に反して、おそらく、電気ショックには好奇心程度の興味しかもっていなかっただろう。それどころか、退屈し始める前には、被験者全員が電気ショックを避けたいという意思を示していた。にもかかわらず、結果的には男性の3分の2と女性の4分の1が、一回は電気ショックを受けることを選んだのである。ある男性は15分間に190回も電気ショックのボタンを押した。好奇心なら、とうに満たされていたはずだ。

追跡研究では、被験者を二つのグループに分け、一方には退屈で繰り返しの多い動画を一時間に数回観てもらい、もう一方には退屈しない動画を同じ時間だけ観てもらった。退屈な動画を観ているとき、人々は、興味をもてる動画を観ているときよりもはるかに多く電気ショックのボタンを押した。この、より統制された実験からははっきりとわかるのは、決定的な要素は、退屈している状態に関連する何かであるということだ。おそらく、退屈がトリガーとなっている可能性が特に高い。

オランダのマーストリヒト大学のシャンタル・ネダーコーンらは、人は、悲しみを感じるように誘導されたときよりも、退屈な状態に誘導されたときのほうが、より多くの電気ショックを自分に与えることを発見した。これは、第1章で取り上げた、危険を冒してでも嫌悪刺激を求める退屈したミンクによく似ている。退屈があまりにも不快なので、人は呪いのような単調さよりも、退屈という苦痛を避ける手段として身体的な痛みを選ぶのだ。よくある表現を使えば、「退屈するくらいなら目を突いたほうがましだ」という欲求である。

もちろん、これらの実験の設定は不条理なもので、まったくといってよいほど日常生活を反映していない。特に留意しなければならないのは、どの研究においても、退屈を軽減するための選択肢が電気ショックしかないことである。だから、退屈に対する反応を被験者が自由に選べたら、何をしていたかはわからない。しかし、自分に電気ショックを与えるのと同じように、日々の生活で退屈したとき、自分の体を引っかいたり、切ったり、焼いたり、たたいたりする人がいる。そうした行動は「非自殺的な自傷行為」と呼ばれる。その動機は自殺願望ではなく、むしろ身体的苦痛を利用して気分をよくし、心の苦痛をやわらげようとするものだ。みずから与えた苦痛によって、心の痛みから気をそらせ、困難な状況からの逃げ道をつくり、ほかの人々の助けを引き出せるかもしれないのである。そうした自傷行為への道を開いているのは、あまりにも大きな退屈の不快感のようだ。

自傷行為のほかにも、退屈に直面したときに使われる逃避戦略にはさまざまなものがある。たとえば、向精神作用性物質は逃げ道を提供し、もっとよいものを与えると請け合う。退屈はその瞬間の現実に対する侮蔑であり、私たちが「自分には状況を変えるだけの力がない」と感じたときに増大するのだ。薬物は一時的に現実から逃れる手段を提供してくれるが、私たちの意思に関わりなくずるずると続く。

タバコ、アルコール、ドラッグなどの有害物質を使っている人の多くが、理由を問われると「退屈だから」と答えている。これらの人が退屈を感じる頻度は、有害物質を使っていない人々よりも高い。2003年に実施されたある調査では、ティーンエージャーの17%が「しばしば退屈する」と答え、そう答えた人が喫煙や過剰な飲酒、ドラッグの使用などをしている割合は、「あまり退屈しない」と答えたティーンエージャーと比べて50％近く高かった。ティーンエージャーの退屈のレベルと有害物質の使用を経時的に追跡したいくつかの研究では、退屈がドラッグ、タバコ、アルコールの使用に先行することが確かめられている。

アメリカと南アフリカのティーンエージャーを対象にしたエリン・シャープらの研究では、自己報告する退屈のレベルがわずかに上がると、飲酒率が14％上昇した。退屈は、有害物質の使用率を、タバコで23％、マリファナで36％増加させた。同様に、成人を対象にした調査によれば、直近2週間で退屈を経験した場合、高い確率で飲酒すると予測できる。これらすべての調査が示すのは、退屈した状態はドラッグやアルコールを使用する前兆だということだ。また、それらの調査は、退屈と有害物質の関連性が、退屈した状態を頻繁に経験する人では特に高く、退屈傾向が退屈の不快感から逃避するために危険物質を使用する危険因子であることを示唆している。退屈が直接、飲酒やドラッグの使用につながるわけではない。私たちがどのような適応的反応も示せなかったとき、ドラッグやアルコールがその隙間を埋めて、精神状態を変容させ、最終的には逃れたいと思っている退屈というネガティブな気持ちを麻痺させるのである。

薬物の乱用と同様に、ギャンブル依存も退屈が原因だとされてきた。これは、一見、有害物質の使用と同じ理屈に思える。つまり、私たちは退屈して不快感を覚えると、その気持ちを解消するはけ口を求める。ギャンブル、特にスロットマシンへの没頭は欲求を満たすのに最適というわけだ。確かに、頻繁にギャンブルをする人は退屈を理由に挙げるが、退屈傾向が強い人ほどギャンブル依存になる可能性が高いことを示す研究はわずかしかない。退屈はギャンブルにつながるという確信が広く共有されているにもかかわらず、それを裏づける研究はきわめて乏しいのだ。ほかの悪癖と同様、ギャンブルには退屈を解消する働きがあるという説はもっともらしく聞こえるが、現時点では断言できない。

薬物乱用やギャンブル依存と同様に、摂食障害も退屈がもたらす問題のリストに入っている。「退屈すると、いつもより多く食べてしまうか」と聞かれると、人々は確信に満ちた大きな声で「はい」と答える。また、さまざまな情動を抱いたときに最もとりやすい行動を四つずつ答えてもらうと、「食べる」は、悲しみや不安よりはるかに強く退屈と結びついていた。したがって、自己報告に基づけば、退屈は食べることとの明確なトリガーであるように見える。

アンドリュー・モイニハンが率いるアイルランドとイギリスの合同チームは、協力者に一週間、日記をつけてもらい、その日に「どれだけ退屈したか」と「何を食べたか」を記録してもらった。その結果、人々は、退屈のレベルが高い日ほど、より多くの脂肪、炭水化物、タンパク質、そして総カロリーを摂取したことがわかった。この、毎日の退屈感と摂食行動との関連は、ストレスなどほかのネガティブな気持ちとは関わりなく生じ、ボディマス指数（ＢＭＩ）や一般的特性としての退屈傾向とも関係がなかった。つまり、頻繁に退屈を感じる人が不健康な食習慣を報告していることとは別に、ある瞬間の退屈感と、通常より多い食物摂取量とのあいだにはなんらかの関連があることを、この研究は示唆している。同じ傾向は、研究室での実験でも確認された。実験では、つまらないパズルをやって退屈した人々に、おやつを食べたいかどうかを尋ねた。退屈した人は、自分が考えていることや感じていることに集中する傾向があり、退屈しなかった人々と比べ、おやつに強い欲求を示した。

これらの事実を考えると、私たちは、退屈したときに心を満たし、退屈をはらいのける手段として食べるように思われる。それに加え、食べる際には健康的でないものを選ぶ傾向がある。ある研究によれば、単調で退屈な動画を一時間観た人々は100カロリーに相当するチョコレート菓子を食べた。興味を引かれる動画を観たときに食べたチョコレート菓子の量は、その半分だった。注目すべきことに、退屈したときに食べるといった傾向は、ほかのネガティブな気持ちには見られない。(悲劇的な動画によって誘導される)悲しみでは、退屈と同じ効果は得られないことがわかっている。人が不健康なものを食べたくなるのは、退屈したときだけだった。

人は、退屈によって不健康な食べ物が欲しくなるだけではなく、もう満足していて、これ以上食べる必要はないという生理的なシグナルを無視するようになるとも考えられる。今や古典ともいえる研究のなかで、カリフォルニア州立大学チコ校のエドワード・エイブラムソンとショーン・スティンソンは、研究室に招いた被験者に、ローストビーフサンドを、満腹を超えない範囲で好きなだけ食べてもらった。その後、半数の人には「cd」という文字を繰り返し書くように依頼した。退屈させることがねらいである。

一方、残り半分の人々には、興味深い画像を観ながら短いストーリーを書いてもらった。そのあいだ、どちらのグループも好きなだけおやつを食べられた。その結果、退屈した人々はローストビーフサンドを十分に食べたあとだというのに、もう一方のグループよりも多くのおやつを食べた。どこかで聞いた話ではないだろうか。第1章に出てきた、通常型ケージで飼育されているミンクを思い出してほしい。改良型ケージのミンクよりも多くのおやつを食べた、あのミンクである。あのミンクたちも、事前に十分にエサを与えられていたのだ。

退屈は肥満の一因になっている可能性さえある。肥満が遺伝因子に関係していることは、しばらく前から知られているが、このつながりの背後にはどんなメカニズムがあるのだろうか。明らかに、こうした問いはきわめて複雑だ。最近のある研究は、肝心な役割を果たしているのは退屈ではないかという、興味深い可能性を提起している。コロンビア大学のリチャード・ギルらは、退屈に誘発されて食べることと、その誘惑に逆らえないことに基づいて、遺伝的特質と肥満の関連を部分的に解明した。不安など、ほかのネガティブな気持ちは肥満とは関係なかった。

私たちが退屈したときに食べ物を求めるのには、さまざまな理由が考えられる。退屈のただなかにいるとき、私たちは、きっとエネルギーが足りないように感じるのだ。健康的なおやつよりも糖分の多いスナック食品を求めるのは、その解釈の裏づけになるように思える。あるいは、単に退屈から気をそらせる手段として食べ物を求めるのかもしれない。何かを口に入れるという行動だけで、自分は満たされたと勘違いをしている可能性がある。そして最後に、退屈は私たちを衝動に突き動かされやすくするという解釈もできる。つまり、何か心ひかれるものを見ると、何も考えずに口に入れるのだ。無意識で行動しているようなものである。退屈に関連するほかの摂取傾向と同様に、食べることも、その気持ちからの逃避に対する、不適応で、おそらく衝動的な反応を表しているように思える。

退屈しやすい傾向と、衝動的に行動する傾向の関連は、多くの研究によって確認されてきた。第2章で触れたが、退屈感受性は刺激欲求と強く結びついている。刺激欲求といっても、情報収集に関連する欲求ではなく、退屈という苦役と置き替えるために新しい気持ちを求めるものである。この意味で、過食、ギャンブル、ドラッグやアルコールの摂取は、退屈を軽減するための衝動的な試みという役割を担いうるのだ。

こうした応急処置を選ぶ傾向によって、私たちは自分の利益に反する行動をすることがある。ある研究では、被験者に、短時間ただじっと待ってもらうか、コンクリートに関する技術的な参考文献を書き写してもらった。どちらの場合も退屈が生じ、どちらの被験者も、退屈な作業をそれ以上続けるのを避けるために、やがて得られるはずの特典をあきらめた。つまり、感じる退屈のレベルが上がるほど、人は、手っとり早く簡単に得られる報酬を選ぶ（そして退屈から逃避する）傾向が強くなるのである。たとえ経済的に最大の利益が得られないとしても、その傾向は変わらない。別の研究では、被験者は、さいころゲームを始める前に５分間待たされた。待っているあいだに人々は退屈し、ゲーム中にリスクの高い意思決定をする結果になった。

人間が退屈したときにリスクの高い選択をするのは、退屈の苦しさを緩和する手段なのか、単に自分の行動にブレーキをかけられないだけなのかは、明らかになっていない。退屈傾向と、セルフコントロールレベルの低さとの一貫した関連から推測されるのは、退屈しやすい人は衝動を適切にコントロールできないということである。だが、こうした人々は、同時に、退屈に取って代わるスリルと興奮を求めているのかもしれない。ある研究では、退屈傾向の強い人は、車を運転していて踏み切りに近づくと危険な判断をする可能性が大きい、と報告されている。線路を走ってくる列車に「勝とう」とする頻度が、退屈傾向のない人々に比べて高いということだ。

同じねらいの、もっと地味な実験も行われている。そこで研究者が指示したのは、コンピューターディスプレイの端で何かが光ったときに、機械的にそれを見ようとする人間の自動的傾向にあらがって、反対側の端を見るようにすることだった。これは、認知心理学で使われる古典的な実験方法である。ある場所に何か光るものを提示し、被験者には、それを無視するために最大限の努力をはらうよう依頼するのだ。衝動の制御のよい尺度になる。ここで取り上げた研究は、禁煙しようとしている喫煙者を対象にしたもので、被験者には、明確に、タバコを吸いたいという衝動を制御する必要が生じていた。実験の結果、明らかになったのは、禁煙したばかりの人が光る目標を見ないようにするのは困難だということだった。ちなみに、被験者が禁煙を始めたのは、実験のわずか2、3時間前である。その環境に存在するものの誘惑（光る対象は喫煙の手がかりのようなものとして捉えられる）を避けられないことは、禁煙を非常に難しくしている要素の一つである。退屈との関連において重要な発見は、光る目標を見ないようにするのが最も困難だったのが、「日常生活で高いレベルの退屈を経験している」と報告した人々だったことだ。

衝動的かつ不適応な反応は、一時的な退屈の不快な特性への対応の試みとみなすことができる。さらに掘り下げると、退屈特有の苦痛が明らかになる。退屈すると、私たちは麻痺し、自分ではどうすることもできないように感じる。行動指針を決めることも、それを遂行することもできず、みずから動くことができなくなる。つまり、自分は取るに足りない不必要な存在だと感じるのだ。

退屈するとは、自分が自分の生の主体でなくなることだ。この意味で、退屈は人間性への侮辱である。存在をおとしめられるのだ。行動化しなければ、この侮辱に耐えられない人もいるだろう。実際、退屈が特に怖いのは、苦境の原因となっている圧力を明確に示さずに、人間から自己決定能力を奪うことである。その結果、退屈は「薄く広がった怒り」[*2]に変わる。絶望にすべり落ちるのを避けるための選択肢の一つが、世界に難癖《なんくせ》をつけることなのだ。ある研究では、12～13歳の子どもに、7分間だけ黙って座ってもらったあとに質問を行った。その結果、これらのティーンエージャー(飛び級した11歳以下の子どもを含む)は、退屈していない生徒と比べ、強い自己陶酔を感じていることと、より攻撃的な衝動を示した。

頻繁に退屈を感じる人には、自己愛が強く表れる傾向があることもわかっている。彼らは、内面で、自分の劣等性や無力さがなんらかの形で表れることを非常に気にしている。同時に、退屈傾向のある人は、高いレベルの怒りや攻撃性、敵意を覚える。退屈しやすい人々が過度の怒りや攻撃性、敵意を示すのは、彼らがしばしば退屈と闘い、退屈がもたらす自己愛からの自我の軽視と葛藤しているからである。彼らは自己意識を膨張させる手段として、攻撃に向かうのかもしれない。同様のプロセスは、サイコパス[*3]の根本原因ではないが、サイコパスでも働いている可能性がある。以前から、サイコパスは退屈傾向が特に強いことが知られているが、おそらく興奮とスリルを求める気質的な欲求のためだと考えられる。また、強い自己陶酔の特性があるので、退屈などの状況によって容易に怒りが引き起こされる。退屈は、彼らが何としても守らなければならないと感じている壮大なイメージを脅かすのだ。

退屈が極限まで高まると、主体感を再確認する必要が、特定の行動で得られるものよりも重要になる場合がある。そうなると、私たちは、ただ「自分に何かをする能力があること」を証明するためだけに行動に走る。この視点に立てば、公共物などの破壊行為は、単なる無意味な破壊ではなく、主体が脅かされたことに対する反応であり、退屈が動因となっているケースも少なくない。ここで重要なのは、「主体への脅威にどう反応するか」で、「退屈のもたらすものがプラスになるかマイナスになるか」が決まることだ。私たちは、破壊する処理能力と機会も、創造する処理能力と機会ももっている。どちらにしても、自分に力があることが証明できるし、世界を自分にとってのあるべき姿に戻してくれるだろう。だが、もちろん、これらの選択肢は、自分にとってもほかの人々にとっても、まったく異なる結果をもたらす。

＊２　哲学者ジョージ・サンタヤーナがゆううつについて語った言葉。
＊３　自己中心的で他者の気持ちに鈍感という性格特性をもつ一次性サイコパスと、衝動的で反社会的行動傾向のある二次性サイコパスがある。「精神病質」と訳されることもある。

10歳の子どもの集団を5年にわたって追跡した研究者は、ある時点での退屈しやすい傾向が、近い将来に非行に走る可能性を増大させることを発見した。サンプル全体を見ると、この効果は一方通行であることがわかる。つまり、退屈傾向はその後の非行につながるが、逆はないということだ。しかし、脱抑制的[*4]で興奮欲求が大きい小サンプル群を見ると〝時点1〟での非行は、実際には〝時点2〟での低いレベルの退屈傾向を予測した。刺激欲求の強い若者にとって、非行は将来の退屈を紛らせるか緩めた可能性がある。

ある実験的研究では、大学生の集団を退屈させたあとで、シナリオを読むように依頼した。シナリオには、学生が所属する文化的集団の一人が、別の文化的集団に属する一人に襲われる（または逆の設定の）シーンが描かれていた。学生が退屈しているとき、彼らは自分が属する文化的集団の犯罪者に通常より寛大な刑期を科し、別の文化的集団の犯罪者に通常より厳しい刑期を科した。

極度の共感性の欠如がともなった最も深刻なケースでは、退屈はきわめて危険なものになる可能性がある。「退屈していて、することもなかったから、だれかを殺すことにした」。これは、ジョギングをしていた若い男性を意味もなく殺害した3人のティーンエージャーの一人が語った理由である。「退屈だから殺した」と主張する殺人犯は数えきれない。だが、間違いなく、退屈が直接ティーンエージャーに殺人を起こさせたのではない。おそらく、彼らには興奮を得るほかの手段があり、退屈が通りすぎれば、自分の人生に対するコントロールをふたたび確立できたのだ。

最近では、97人以上を殺害した嫌疑をかけられたドイツの看護師が、退屈を軽減するためにやったと主張した。彼は、あわただしい救命活動と、患者を蘇生《そせい》させたときの称賛に大きな快感を覚えたため、あとで生き返らせられるように慎重に劇薬を注射した。すべては自分のスキルを見せつけるためであり、退屈を避けるためだった。患者を死の淵から連れ戻したときの多幸感と、失敗したときの落胆は、制御できない力の行使がもつ二つの側面である。確かに、退屈そのものだけでは、普通の人をこれほどおぞましい行為に駆り立てられない。退屈は、私たちが世界に関わっておらず、自分の生を支配し

＊4　外的刺激に対する反応としての衝動や情動を抑えることができない状態のこと。

ていないという警告である。しかし、この気持ちのために人に襲いかかり、極端な形の力を追求する人もいるのだ。

非行や怒り、敵意、暴力は、退屈への反応として、二つもしくは三つの役割を果たす。こうした行動は、退屈したときに脅かされる私たちの有能感を高める可能性がある。私たちが攻撃的になるときは、日常語の意味で「コントロールされて」いないが、行動の結果は明白だ。破壊を引き起こすのである。また、怒りと暴力は、しばしば退屈にともなうひどい無気力に活力を吹き込み、私たちを奮起させると考えられる。退屈や単調さは、低覚醒状態と感じられることが多い。そうしたエネルギーの低下を埋め合わせたいのなら、確かに、攻撃性は血流を増大させる。最後に、敵意によって、世界がより有意義であるように見えるので、敵意は短期的には退屈を軽減するかもしれない。

退屈から生まれる攻撃性と敵意は、ときとして矛先を向ける対象をもつ。先に述べたように、退屈した人々は、自分が属する文化的集団のメンバーには寛大な刑期を科し、異なる文化的集団の人々には厳しい刑期を科した。ナショナリズムの極端な形態であるジンゴイズムは、人生の意味や目的の感覚が脅かされたときに発生することがわかっている。自分たちとは違うとみなす人々に対して抱く否定的な見方と、同じ集団の仲間に対する肯定的な見方は、世界を単純でわかりやすいものにする。よそ者に攻撃的な行動をとると、自信に満ちた力強い感情が生まれ、不安が軽減され、世界が、より単純で、わかりやすく、安定したものになったという幻想を抱くのである。たとえその世界秩序が、倫理的に非難すべきものであったとしても――。この、退屈と意味の関係については第7章で詳しく述べる。ここでは、攻撃性の、少なくともいくつかの形態は、退屈に関連する意味の欠如を埋め合わせようとする試みと考えられることが重要なのだ。

私たちにとって必要であり、私たちが最終的に求めているのは、「世界と意義深く結びついている」と感じることである。積極的に世界と関わっているときに、私たちは最も生き生きと活動できる。認知能力を発揮し、自分の考えに表現を与え、環境を思いどおりに支配する、こうしたことすべてによって活気づくのだ。反対に、退屈は世界とのつながりが断たれた状態を表す。だから、退屈すると、私たちは、有意義なつながりがあれば抑えられていた問題に対して脆弱《ぜいじゃく》になる。たとえば、退屈傾向が抑うつとしっかりと結びついて、内的な空虚さの結果を反映することもあり得る。

退屈を頻繁に感じる人は、抑うつに苦しめられる可能性も高い。抑うつと退屈は多くの特徴を共有しているので、一見すると区別がつきにくい。だが、明らかに別のものである。抑うつは、悲しみと、喜びを感じられないことで定義される。また、否定的な自己評価や、否定的な生活上の出来事に注目する傾向と関連している。一方、退屈は、没頭を求めながらもその欠乏を満たせないという難題、時間がのろのろと過ぎる感覚、集中することの困難さなどで定義される。また、抑うつとは対照的に、退屈は私たちの外の世界に対する否定的評価や情動への気づきの欠如、手もち無沙汰感と無気力の結合などと関連している。退屈と悲しみは、明らかに違う意味で嫌悪すべきものなのだ。

では、退屈傾向と抑うつの関係を説明できるものは何だろうか。いくつかの研究が、退屈しやすい傾向と抑うつは、ゆっくりと流れる悪循環の一部だと示唆している。マイケル・スペースらは700人以上の青年を5年にわたって追跡し、毎年、抑うつと退屈傾向について質問した。その結果、抑うつと退屈傾向は年々、相互に強化し合うことがわかったが、どちらが先かは判明しなかった。ところが、私たちの研究室では、8週間調査しても、抑うつが退屈傾向のレベルを予測する証拠はまったく見つからなかった。また、楽しい記憶や悲しい記憶を思い出すことで気分を変えても、状態としての退屈に影響がないことも明らかになった。この研究論文の著者の一人は、慢性的な消耗性うつ病で入院している患者たちに、退屈の経験について質問した。彼らの話からは明確なパターンが浮かび上がった。彼らは退屈を恐れていると答えたのだ。彼らにとって、退屈は、抑うつが近づいていることを警告する初期兆候だった。退屈すると、患者たちは世界への没頭から引き離される。彼らは、活動や、ほかの人々との感情をともなう結びつきを感じ取れなくなり、それを機に内面に向かい、物思いに沈むのである。自分自身について否定的に考え始め、やがて、そうした思考パターンは、ぐるぐる回りながら下降していき、本格的な抑うつ症状にたどり着く。だから、総体的に考えると、退屈が抑うつにつながるのであって、その逆ではないという考えを裏づける有力な証拠になる。退屈すると、人は物思いに沈み、自分の否定的な面に焦点を合わせがちになる。それでも世界に没頭しようともがき続けるが、結局、繰り返し没頭に失敗し、その反応として絶望に屈する。そうは考えられないだろうか。

もう一つの可能性は、退屈を経験する傾向と抑うつが関連しているのは、両方とも同じ第三の因子によって引き起こされるからだ、という解釈である。この考え方は、スペースらの研究のもう一つの発見と一致する。彼らは、抑うつと退屈は、大きな時間尺度から見ると似たような軌跡を描くことを見出した。それが示唆するのは、抑うつと退屈は一つの発生因子を共有しており、時とともに明らかになる、より大きな症候群の一部だという可能性である。その共通因子は、人生が意味と目的を欠いているように感じられることではないだろうか。価値のあるライフプロジェクトを構想し、遂行する能力の欠如が、抑うつと退屈傾向の両方を促進している可能性がある。私たち自身の研究結果は、この仮説と一致する。生きる意味の減少が、状態としての退屈の増大を引き起こしているように見える。そのため、抑うつと退屈傾向が生きる意味の欠如によって起きる可能性はあるが、この可能性を確実なものにするには、さらなる研究が必要である。

退屈傾向と抑うつが関連している理由やメカニズムが解明されていない一方で、残念なことに、精神的な健康を評価したり、精神衛生上の治療を行ったりするときは、概して退屈は無視される。だが、退屈は、多くの精神疾患で重要な役割を果たしている可能性がある。ある研究では、退屈傾向が、がん患者の生活の質に大きな負の影響を与えていることが明らかにされた。抑うつのどんな負の影響よりも大きかったのである。また、同じ患者が抗うつ剤の投与による治療を受けると、気分は改善したが、顕著な退屈傾向に改善は見られなかった。これらの注目すべき発見によって、退屈傾向と抑うつはまったく別の問題であり、退屈には独自の介入が必要だという考え方が、さらに重みを増した。患者の「退屈だ」という訴えに、単に抑うつに「関連するもの」として対処するだけでは不十分なのだ。

退屈は単独で直接、問題を引き起こすわけではないが、退屈を非難する声はかなり強いように思える。退屈は、ときには私たちを駆り立てて自分自身や他者を傷つけ、また別のときには衝動的にし、影響を受けやすくし、空虚さというストレスに対して脆弱にする。明らかに、退屈に適応するのは容易ではない。それでも、研究者たちが示唆するメリットが少なくとも一つある。創造性の刺激である。

のちにロックンロールの殿堂入りを果たしたポール・バターフィールド・ブルース・バンドのマイク・ブルームフィールドは、一人のギタリストの素晴らしい才能に驚嘆した。そのギタリストは、右利き用のフェンダーの弦を上下反対に張って（それでも左利きには逆さまになる）、左手で弾いていたのだ。ショーが終わったあと、ブルームフィールドはジミ・ヘンドリックスをつかまえて「今までどこに隠れてたんだ？」と聞いた。ヘンドリックスは答えた。「チトリンサーキット[*5]で弾いてたけど、クソほど退屈してたんだ。ギタリストのだれかが何か新しいことをやってるなんて聞いたことなかったし、退屈で頭がイカれそうだったよ」。ヘンドリックスの発言は、退屈から何か肯定的なものが生まれる可能性を示している。それは、創造性だ。

だが、データは何を語っているだろうか。退屈が創造力の開花につながることを実証するデータはほとんどない。ある研究は、退屈すると、創作的エッセーを書く能力が大幅に低下することを示しているが、残念なことに、この研究には比較群がなかった。ほぼ退屈を感じないように誘導された被験者がいなかったのである。

別の研究では、被験者を、退屈を含むさまざまな心的状態へと誘導した。退屈は、高揚と同じグループに入れられ、創造性の向上と結びつけられた。だが、研究者は、非常に異なるこの二つの心理状態を分けなかったのだ。

最後の例は、セントラル・ランカシャー大学のサンディ・マンとレベッカ・キャドマンが行った研究である。彼女たちは、電話帳に掲載されている番号を書き出すか読み上げるかしてもらって被験者を退屈させ、そのあとで、ポリスチレンのカップの使いみちをできるだけ多く考え出すように依頼した。創造性を検証するために使う古典的な作業である。退屈した人、および、「空想にふけっていた」と報告した人のほうが、より多く、創造的なカップの使いみちを思いついた。退屈と高揚の区別の問題については、この研究から、空想と退屈のどちらが創造性の鍵なのかを知るのは不可能である。結局、空想をしているときには、私たちはもう退屈していない。空想に没頭しているのだから。

　このように、「退屈は創造性につながる」という想定には明確な証拠がない。退屈によってあなたが殺人者にならないのと同様に、退屈があなたを創造の天才にすることもない。そこが肝心な点だ。退屈は、私たちが消し去りたいと望むネガティブな気持ちである。しかし、よい方向にせよ悪い方向にせよ、退屈が単独で私たちの行動を変えるこ

＊５　主にアメリカ南部にある黒人のためのナイトクラブ。

とはない。ただ、退屈する処理能力には、私たちを創造性やイノベーションに向かわせる可能性があるといえるだろう。現状に満足しなかったジミ・ヘンドリックスは、ギター演奏の世界を常に変革し続けた。だが、「フォクシー・レディ」をつくっていたとき、彼が退屈に苦しんでいたとは到底思えない。

退屈は、精神的に充実していたいという欲求が満たされない状態をいう。その不快感は行動の動機づけとなる。どういう行動をとるかは、私たち次第だ。私たちは、退屈というシグナルへの反応として、ドラッグやアルコールに走ったり、世界に対して攻撃的になったりする。あるいは、ジミ・ヘンドリックスのように、ギターを手にとって素晴らしい曲をつくることもできるが、そうしているときは、もはや退屈ではない。数々の傑作をつくっているあいだ、ジミ・ヘンドリックスは退屈していなかった。彼は、ギターと音楽の世界に深く関わり、しっかりとつながっていた。このようなつながりは、実際、退屈と正反対のものである。退屈すると、私たちは、周囲の世界とのつながりが失われ、世界から孤立したように感じるのだ。社会学者のピーター・コンラッドは次のように言っている。「退屈は向こうにあるのではなく、私たちと向こうとのあいだにあるのだ……［退屈は］その瞬間からの疎外である」

第6章

〝究極の退屈〟に関する研究

・・・

壁はなんのへんてつもなく、建物は迷路のようだ。あまりにもわかりにくいので、そこにたどり着くこと自体がテストじゃないかと疑ってしまう。

ようやくP４０４０号室を見つけ、ドアをノックする。不安がないと言えば嘘になる。ルームメイトは３日頑張ったが、自分がうまくやれる自信はない。ドアを開けて迎えてくれたのは実験助手だ。椅子をすすめられ、説明が始まる。

「これから小さな部屋に入ってもらいます。部屋から出られるのは、食事のときとトイレを使うときだけです。部屋は白色の照明で一様に明るくしてあります。エアコンがずっと動いているので、どこにいてもブーンという小さな音が常に聞こえるでしょう。部屋にあるのは簡易ベッドだけで、ほかには何もありません。あなたには半透明のゴーグルをつけてもらいます。目は開けられますが、どっちを向いても、変化のない一様に白い色が見えるだけです。そのうえ、両腕にちょっと変わった手袋をしてもらわなければいけません。動きを抑制し、触覚を制限するためのものです。だから、かゆいところがあっても、かけないでしょう」

「この実験の目的は、人間が退屈にどう対処するかを知ることです。何か質問はありますか」

不安を覚えながらも首を横に振り、トイレ休憩をとる。そして一瞬、実験が始まる前に逃げ出してしまおうかと考える。

いざ始まってしまうと、頭のなかが落ち着いてくる。「そんなに悪くないじゃないか」と思う。だが、間もなく、思考の焦点が、履修単位数から、週末に行きたいと思っているパーティーまで、あちこちにさまよい始める。やがて、なつかしい思い出のなかに落ちていくと、兄さんが自転車の乗り方を教えてくれたときのことなど、個人的な経験があれこれよみがえる。それらの細部を思い出そうとしてみる。そのあいだ、体は簡易ベッドの上で絶えず動き、一つの姿勢には落ち着かない。ある時点で、ふと「どれくらい時間がたったんだろう」と思う。さらに時間が経過すると、一つの思考の流れを追っていくことが難しくなる。何もつながっていかない。一つのことを考え終わる前に、別の考えが割り込むのだ。

あれが見えたのはそのときだ。最初は影だったものが、たちまち人の形に変わる。背が高く、たぶん丈の長いオーバーコートを着ている。細かい特徴はわからないが、じっとひそんでいた脅威なのは間違いない。「これは現実だろうか」「これも実験の一部なのだろうか」。呼吸が速くなる。もうここまでだ。

・・・

マギル大学のドナルド・ヘッブとウッドバーン・ヘロンらが行い、1950年代に初めて公表された感覚遮断実験[*1]は、単調さに対する行動反応の調査を目的に掲げていた。だが、この実験が行ったことは、被験者に単調さを経験させるという範囲をはるかに超えていた。ヘッブらは被験者のあらゆる感覚を奪ったのである。退屈の構成要素として、単調さよりも大きな姿を現したのは（環境的、心理的な）隔離だった。

第2章で概説したように、単調さが退屈の主要な原動力であるのは間違いない。しかし、ヘッブとヘロンにとって、単調さそのものを究明するための研究だというのはカムフラージュだった。彼らが行った奇妙な実験の裏にある真実は、まったく違っていた。カナダ、イギリス、アメリカの情報機関は、朝鮮戦域で捕虜になって帰ってきた人が、なぜ共産主義のイデオロギーを信奉するようになったのかを知りたかった。北朝鮮はどうやってあのような洗脳ができたのだろうか。ヘッブは、たまたま招かれた会議で、「知覚的分離によって目的を達成できるのではないか」と話し、その考えを試す実験を提案した。その結果は、人間がどのように希薄な感覚的環境に対処するかについて幅広い示唆を含んでいた。

ヘッブとヘロンの実験で明らかになったのは、自発的で自己決定に基づくしかたで環境とやり取りしたいという私たちの欲求が、どれほど強烈なものかということである。退屈を避けるためには、単調さを避けるだけではいけないのだ。また、意味については第7章で深く探るが、単に意味を見つければよいというわけでもない。退屈を避けるた

＊1　目隠しをし、ホワイトノイズを聞かせ、手足は綿を詰めた筒に入れるなどしてベッドに横たわらせることで、感覚刺激をできるだけ減らすこと。知覚的分離ともいう。短時間の感覚遮断はリラックス効果を引き起こすことがあるが、長時間の感覚遮断は幻覚や妄想を引き起こすなどして、心的に有害である。

めには、世界、およびそのなかにいる他者と、互いに影響を与え合う方法を見つけなければならない。ヘッブとヘロンの実験では、被験者は特別に設計された部屋で何日か過ごし、金銭的な報酬によってモチベーションを保っていたと思われる。滞在期間に関係なく、ほとんどの人は早々に眠りに落ちた。何もすることがないとき、睡眠は現実的な選択肢だ。目が覚めて世界が何も変わっていないとわかると、多くの人が落ち着きのなさを感じた。

被験者が共通して訴えたのは、明確で簡潔な思考の脈絡を形成できないことだった。思考は、案内役となる感覚刺激がなければ、あてどなくさまようように感じられ、互いに結びつかなくなる。注意を集中し、思考をまとめて、筋の通った意味のある統一体にすることが難しくなるのだ。世界とつながっている感覚には、五感で感知できるものとのやり取りが欠かせない。そのつながりがなければ、私たちの認知システムは正常に機能しない。時間が経過するにつれて、被験者は共通してさまざまな種類の幻覚を見るようになった。長時間の単調なフライトでパイロットが報告するものと同じである。パイロットのなかには、風防に巨大なクモが現れたと報告した者もいる。もともと、ヘッブとヘロンがその実験方法を採用したのは、感覚遮断を超自然的なものに関する「プロパガンダ」と組み合わせることで、人の信念を変えられるかどうかを確かめるためだった。いったい、これで共産主義者による捕虜の洗脳を説明できるのだろうか。実験のあと、実際に被験者は進んで超自然的なものを信じるようになった。そうした信念の変化は長期間持続するのか、また、確信的なイデオロギーにも有効なのかどうかは、明らかにされていない。

感覚遮断は、私たちが世界から切り離される極端な状況である。孤立のなかで私たちの認知システムは正常に働かなくなり、意識を集中できる筋の通った空想に逃げ込むことすらできなくなる。精神を満たすものがないと、私たちは、感覚遮断によって極度に退屈した状態におちいるのだ。こうした研究の先には、同じくらい極端な別の状況があり、そこでは孤立と退屈が不吉なタッグを組んでいる。

この状況は二つの事実を強調する。第一に、退屈は行動を喚起する呼びかけであること。第二に、人間は基本的に他者とつながっている必要があり、私たち自身の物語のなかで演者でなければならないということである。こうした欲求を満たせなければ、私たちは自分を不要な存在に感じ、結局、退屈してしまうのだ。

極限環境で現れる魔物

人間は生まれながらの探検家だ。ロッキー山脈の雄大な景色を見て、登ってみたいという欲求を感じない人がいるだろうか。広大な湖や海を望んで、向こう側には何があるのかと思わない人がいるだろうか。人をこうした探検に向かわせる力が、「未知の世界を発見したい」という生得的動因でも、「山脈や水平線の向こうに何があるのか、自分の目で確かめたい」という、やむことのない好奇心でも、あるいは「名声や富を得たい」という単なる欲求であったとしても、人間は常に、地の果てへ、さらにその先へとみずからを駆り立ててきた。山々の向こうや海の底の世界が、そしてこの銀河や宇宙の未知の空間が私たちを呼ぶのだ。ときどき、人間はこの力に導かれて、南極大陸と北極圏など、地球上で最も不毛で荒涼とした場所を探検した。だが、たとえ極限環境がもたらす、恐るべき物理的困難を克服したとしても、なお、孤立した生活や単調な感覚入力、生き延びるために必要な厳格な日課などの困難があるのだ。大昔の地図製作者は地図の余白に想像上の怪物を描いたが、それらの地域を探検した人々を悩ませた、孤立と退屈という魔物は予測できなかった。

「孤立閉鎖環境」と呼ばれる極限の環境を探検する人々の心理学的帰結を研究するのは容易なことではない。探検の機会自体がほとんどないし、多くの場合、心理学的研究を目的としていない。また、探検隊のチーム構成は探検ごとに大きく異なり、人員をできるだけ抑える傾向があるため、調査結果を一般集団に適用するのが困難だ。探検には、当然、高い危険性がともない、チームが直面する困難が異なれば、メンバーの心理的経験に与える影響も異なる。したがって、そうした探検から得た知見は慎重に検討しなければならない。

ノルウェーが建造し、ベルギーが１８９７年に就役させた探検船「ベルギカ号」の航海は、極限環境の孤立性と閉鎖性が引き起こす退屈について、最初の手がかりを与えてくれたといえる。ベルギカ号は、南極海で越冬した初めての船で、装備や衣類は不十分であり、常に壊血病の恐れがあった。しかし、アメリカ人医師フレデリック・クックが強い印象を受けたのは、単調さと、のろのろとした時の経過だった。「私たちは果てしない流氷原に閉じ込められていて、見えるのは単調な水平線だけだ。みんなが語る話は、実話も、彼らが得意な作り話も、もう尽きてしまった。夜の闇がゆっくりと深まるにつれて、時が重たくのしかかってくる」

孤立状態にほとほとうんざりした一人の乗組員は、氷に閉じ込められた船から降り、ベルギーまで歩いて帰ると言い張った。この話には、退屈を醸成する要素が数多く見られる。第一に、孤立から生じる単調さがあった。環境そのものが「果てしない流氷原」だったし、持続できる活動は話をすることぐらいしかなかった。その話も、もう尽きていたのだ。第二に、時間がのろのろと進み、時が経過しても環境には目に見える変化がなかった。第三に、クックはこの引用のなかでは触れていないが、彼らはほぼ完全な自律性の喪失に直面していた。乗組員たちは自然のなすがままであり、個人の行動がなんらかの影響をもたらす可能性はほとんどなかった。これらの要素は、宇宙探検から極地探検まで、現代に行われた極限環境での探検でも確認されている。心理的な問題を訴えたクルーが語った内容を分析すると、やはり同じ要素が浮かび上がったのだ。こうした多様な環境を通じて最もよく見られた問題は、自律性、つまり状況をコントロールしている感覚の消失、対人的葛藤、退屈に起因する手もち無沙汰感である。

孤立閉鎖環境でのミッションの段階によって、表れる心理的特徴が異なると指摘する研究者もいる。最も初期の段階では不安が、中間段階ではゆううつな気分と退屈が、最終段階では幼稚な行動と終わりが見えてきたことによる多幸感が最大の特徴だとされる。退屈の発生を最もよく表すのは手もち無沙汰感、つまり、「何かに没頭したい」という欲求が状況によって阻害されている感覚だという認識は、多くの研究に共通している。それに加えて、家族や通常の社会的交流から切り離されていること、過酷で荒涼とした環境に物理的に閉じ込められていることが、問題をさらにつらく居心地の悪いものにするのだ。

パーソナリティの違いも関係している。協調性や開放性が高い人は孤立した環境でうまくやっていける傾向がある。退屈を経験しやすい傾向の人々によく見られる性格変数、神経症的傾向が強い人は、あまりうまくやっていけない。興味深いことに、刺激欲求が低い人も、極限環境での退屈に対して耐性が高い。こうした事実は、極限環境での探検において、チームメンバーと環境との適合性を見つけることの難しさを示唆している。もしあなたが常に変化と新奇性を求めている人であれば、果てしない北極圏のツンドラには向いていない。

孤立した極限環境の何もかもが悪いわけではない。周囲に広がる果てしない空間と、そのスケールの大きさのなかで私たちが占める位置を認識したときの畏敬の念を素直に受け入れれば、健康生成論的効果[*2]がある。このことは、パーソナリティプロフィールと、極限環境に対処する能力との、そして退屈に対処する能力との強い結びつきを、さらに顕著にする。開放性の高い人や外部刺激を多く必要としない人は、神経症的傾向が強い人や常に変化を渇望している人と比べて、退屈を経験する頻度がはるかに低い。畏敬の念を感じる個人の能力については、ほとんど研究がされていない。壮大なゴシック様式の大聖堂に初めて入ったときの、あるいは、グランドキャニオンの断崖の縁に立ったときの感動を思い浮かべてほしい。言葉では表現できないかもしれないが、その感情が畏敬の念だ。広大だがどこまでも一様な環境で、素直に畏敬の念を感じられる人にとっては、退屈は大きな困難ではないかもしれない。それは好ましいことだ。極限環境での退屈は、さまざまな場面で深刻な影響を及ぼす可能性があるからである。

ある研究によれば、宇宙ミッションでは、時がたつにつれて注意と精神運動機能[*3]に低下が見られた一方、暗算と記憶の能力は低下しなかった。私たちは退屈が注意力の低下と強く結びついていることを知っているので、退屈の理解という意味では、この研究結果にほとんど驚きを感じない。注目すべきなのは、極限環境での退屈が重大な結果につながる可能性があったという報告である。不断の注意を要求されるのに、作業は同じことの繰り返しという状況は、退屈を引き起こす単調な環境の特徴であり、ミッションの成功を危うくする可能性がある（第5章参照）。

交戦地帯での戦闘も極限環境の一つである。意外かもしれないが、そこにも退屈は登場する。「戦争とは、ときどき、純粋な恐怖の瞬間で中断される何カ月もの退屈である」という警句は、退屈が際立った体験の局面でも生じることを示唆している（図6・1）。

＊2　健康生成論とは、従来の医学のように疾病を引き起こす要因を取り除くことではなく、適度な運動、良好な人間関係など、健康になるための要因を解明し、それを促進することで健康にアプローチする考え方。

＊3　身体的運動に影響を与える心的過程。

同じことは平和維持活動にもいえる。

1990年代にユーゴスラビアで活動したアメリカの平和維持軍の心理的ストレッサーを調査した研究は、五つの重要な心理的要因が働いていたと指摘している。孤立、曖昧さ、無力さ、危険や脅威、退屈である。極地や宇宙でのミッションとまったく同じように、家族からの孤立感、自律性を欠いている感覚、そして退屈は、まったく違う任務にもかかわらず、交戦地帯でも広く認められる。平和維持活動のすべての任務において、退屈は任務の中間段階で発生する可能性が高かった。任務の後期に入ると、兵士たちは意味のない「時間つぶしの仕事」と捉えていた単調な日常作業、つまり、何かしなければいけないからする作業と退屈を結びつけた。ベッドを整えたり、軍服をたたんだり、長靴を磨いたりするのは、実際には戦闘態勢に必要ではなく、時間をつぶすのに都合のよい作業なのだ。そして、退屈であることに変わりはない。私たちは環境に合わせて行動する必要があるが、それまでの行動では退屈に対処できない場合もある。第2章で少し触れたとおり、自己決定が不可欠なのだ。退屈を避けるためには、行動は私たちの欲求から生まれ、心を占有するものでなければならない。強制された行動や、自分の

図6.1 第一次世界大戦に徴募されたカナダ軍兵士シドニー・ガンターによって描かれたこの絵は、絶え間ない砲撃のさなかにも兵士は退屈することを示している。

欲求と関係のない行動は、価値がないように感じられ、没頭できないだろう。私たちが価値があると思う行動ではなく、意味のない行動を強いられると、息の詰まるような退屈が生じるのである。

服役と退屈

独房監禁も、孤立の極端な形である。19世紀のアメリカで、ある収監制度が初めて開発された。ペンシルベニアシステムと呼ばれるその制度では、すべての囚人を隔離して収監することを提唱していた。これは囚人を社会からだけでなく、ほかのすべての囚人からも孤立させるもので、おそらく囚人の悔悟《かいご》(penance)を促進することをねらったものと思われる(それで独居拘禁施設のことをpenitentiaryという)。1890年の連邦最高裁判所の判決は、こうした制度には有害な影響が大きいことを指摘したが、現在でも「安全居住ユニット」「管理分離房」「安静室」「コミュニケーション管理ユニット」、その他多くの婉曲表現を隠れみのにして使用されている。

独房監禁は退屈を誘発するだけでなく、思考と行動の自己調整をきわめて困難にする。まさに、ヘッブとヘロンの感覚遮断実験の被験者に起きたことと同じだ。感覚遮断によって問題が増大するのは、セルフコントロールと自己調整の能力が低下すると、退屈がますます手に負えなくなるからである。人が小さな空間に一日23時間閉じ込められると、思考をつなぎ合わせたり、その日を生きた経験に意味を見出したりするのがきわめて困難になる。そして、当然だが、自己決定した行動をする余地はないといってよい。感覚遮断の程度と滞在時間は、負の心理的結果に関連している。怒りやストレスの増大、集中力の障害といった負の結果の多くは、しばしば退屈にともなうものであり、もちろん、退屈そのものは幽閉された人々において顕著に見られる。

最近カナダで起きた二つの事件は、独房監禁の行き着くところを白日のもとにさらした。アシュリー・スミスが布を首に巻いて窒息死したとき、囚人が息をしているかぎり介入しないように命じられていた看守は、独房の外からじっと見ていた。彼女が独房に入れられてから2年4カ月がたっていた。19歳で第一級謀殺《ぼうさつ》の罪に問われたファーストネーション（先住民族）の男、アダム・カペイは、4年以上独房に収監され、一日23時間、常に照明がつけられた独房で一人で過ごしていた。看守によれば、彼は意識を失ったり取り戻したりし、しばしば頭を壁にぶつけている姿が見られたという。こうした環境は、明らかに精神的健康を悪化させる。

２００４年のデータでは、当時、アメリカで2万５０００人の囚人が独房に監禁されていた。現在、その数は8万人から10万人のあいだと推計されている。社会的交流が厳しく制限され、本や筆記用具など囚人の心を充実させるものが乏しいため、独房の生活は完全に外的環境の構造によって決まる。日々、時間が進むのは、ひとえに食事が運ばれてくるからであり、短いながらも運動場に出る時間を認められているからである。孤立状態にあるとき、人は自分の運命を意のままにできない。独房監禁という極限状況で囚人がとれる行動は、自分自身ではなく、外部から課せられた日課によって決まる。こうした外部事象への依存をありのままに記述したものが、クリストファー・バーニーの手記である。彼は、第二次世界大戦中に、捕虜として500日以上独房に監禁されていた。バーニーは、食事が運ばれる時間と、わずかに差し込む日光が石の壁につくる影によって一日を組み立てた。彼は、自分を律して、朝、運ばれてくる乏しい食事の一部を、あとで食べられるように残しておいた。その自制ができなかったときは、一気に落ち込んだ。外的環境の構造が圧倒的な力をもっていたので、セルフコントロールに失敗すると、悲惨な現実が待っていたのだ。バーニーの監禁生活は、日課と構造の必要性の裏側に、つまり変化の必要性に光を当てる。彼は次のように記している。「変化は人生のスパイスではなく、人生の本質である」

では、独房に監禁されて社会的接触が皆無に近い囚人ではなく、雑居房に収容されている囚人にとっての退屈はどうなのだろうか。収監によって、やはり囚人は社会から孤立し、家族や社会的つながりから切り離され、厳格な日課を課されて自律性を厳しく制限されている。デンマークで収監されている若者を対象にした、ある民族学の研究によれば、拘禁環境の若者を観察すると、退屈が生活のあらゆる領域に忍び込んでいることがわかる。日々の出来事や作業にはまったく意味がなく、自律性が奪われていると感じ、最も多く見られる心理的経験は退屈だと報告されている。この研究で取り上げられたデンマークの囚人のなかには、外部から強制される日課に反発し、さまざまな形のストライキをする者もいたという。そうした厳しく制限された、世界へのコントロールをわずかでも取り戻そうとする試みは、退屈への直接的な反応である。

悲しむべきことに、囚人の多くが、自分を最初に襲ったのは、退屈と、刺激を求める欲求だったと報告している。第４章で概略を述べたが、退屈傾向のレベルが高いと、リスクテイキングやスリルを求める欲求が増大する。これは犯罪行為につながる可能性がある。退屈が刑務所生活の一部だという事実は、イギリスの成人収監者に関する報告においても顕著だ。ここでもまた、外部から強制される、柔軟性を欠いた日々の構造に原因の一部がある。彼らは、自分に起きることをまったくコントロールできず、すべての規則と結果は強制的で、何ができて何ができないかは決まっており、自分の行動に何か大きな意味があるという感覚をほとんどもてない。その結果、あらゆることが単なる「時間つぶし」に思えるのだ。実際、服役の口語表現である「暇つぶし(doing time)」は言い得て妙である。釈放されるまでじっと待つしか、することはないのだ。追求する具体的な目標や、没頭する有意義な行動がなければ、時間はのろのろと進み、退屈に支配される。ここでは時間そのものは悪魔ではない。むしろ、私たちは孤立のなかで主体感を奪われ、日々繰り返す作業にさえ意志が及ばず、もう、時間しか気にするものがなくなっているのである。

二人の宇宙飛行士の物語

この章を通じて見てきたとおり、退屈は、極地や宇宙の探検から投獄に至る孤立した環境から生まれる。しかし、退屈はそうした環境の必然的な結果とは限らない。孤立に対する人間の反応が重要なのだ。私たちにとって短時間の退屈は、よくも悪くもない。

退屈がもたらす結果を決めるのは、退屈のシグナルに対する人間の反応である。この章で私たちは、さまざまな種類の孤立によって反応の選択肢が制限されるということを強調してきた。制限が生じると、退屈に対処するのがきわめて困難になる。二人の宇宙飛行士、正確に言えば一人のカナダ人宇宙飛行士と二人のロシア人宇宙飛行士の経験は、孤立とそれが生む退屈への対応のしかたが、どれほど重要かを強く印象づける。

ソビエト連邦（現ロシア）の宇宙飛行士ワレンティン・レベデフは、1980年代初めに宇宙で過ごした211日間にわたって日記をつけた。211日は、当時の連続宇宙滞在の最長記録だった。1982年に始まったミッションについて記したレベデフの日記は、宇宙で孤立に向き合ったときの不安と課題に満ちている。レベデフは、自分と同僚のクルーが直面した困難を驚くほど率直に評価し、しばしば自分自身の懸念や欠点について考察している。前に言及したように、こうしたミッションの初期段階は不安が特徴となる場合が多いが、レベデフが自分の経験を語る姿勢には、ためらいがない。彼は「ミッションが失敗するのではないか」という懸念を表明し、自分は常に「神経質になっている」と記している。レベデフは、時間がのろのろと進む感覚にも言及している。彼が「退屈な日常業務が始まった」と書いたのは、ミッションが始まってからわずか一週間後だ。収監されたデンマークの若者や、ユーゴスラビアで平和維持の任務に就く兵士と同様に、レベデフは「暇つぶしの仕事」に思えることをしていると報告する。「地上管制が、こまごまとした作業を山ほどするように言ってきた。大切なのはわかるが、うんざりした」。また、のちに「飛行管制センターは、つまらない話ばかりしている」とも書いている。

レベデフと対照的なのが、カナダ人宇宙飛行士クリス・ハドフィールドの経験だ。彼は、2013年の初めに国際宇宙ステーションの司令官を務めていたとき、ツイッターを通じて有名になった。ハドフィールドは、レベデフと同じ身体的、実際的問題を数多く経験したが、一言も不安を口にしなかった。彼は、国際宇宙ステーションで過ごした時間に関して、きわめて単純な作業をするときでも、目的や意義を見つけるのにほとんど困らなかったとも書いている。彼にとっては、宇宙ステーションのトイレの配管を修理することすら、意味にあふれ、価値が感じられる作業だった。ハドフィールドは、ごく決まりきった作業をするときでさえ、目的とやりがいを見出す能力を失わなかったのだ。それは、おそらく、彼が宇宙飛行士になる前からもっていたスキルだと考えられる。

ハドフィールドは、「自分は決して退屈しない」と主張している。彼は、オンタリオ州南部の農場で過ごした子ども時代に、畑を耕す作業に大きな満足を感じたという。進み具合が目に見えることで心が満たされたのだ。一方で、土をならす作業、つまり、土を砕いてなめらかにする作業にはそれほど満足を感じなかった。トラクターの後ろにも、前に見えるのと同じ茶色の土地が広がっていて、物事を進めて何かを成し遂げたという感覚が得られないからだった。これは、退屈を退けるためには、ある行動に専念するだけでは十分ではないという事実を浮かび上がらせる。行動の結果を見て、評価する必要があるのだ。ハドフィールドは、土をならす作業で退屈しないために、その面白みのない作業をしているあいだ、自分がどれだけ長く息を止められるか試すようにした。「最優先する作業に脳の30％ほどを使って、残りの70％で何かほかのことをすればよい」と彼は言っている。

二人の宇宙飛行士の、単調な生活への反応が大きく異なっていたのは明らかである。

ハドフィールドが何事にも没頭する方法を知っていたのに対して、レベデフは日常的な作業に気晴らしを見出すことができなかった。補給船からビデオカメラを受け取ったとき、レベデフはこう言っている。「すぐにビデオレコーダーにつなごう。そうすれば、ここもそんなに退屈ではなくなるだろう」。レベデフにとって、この章の大きなテーマである孤立感は、いつも自分とともにあるものだった。彼は、家族とのあいだを隔てる距離と時間を嘆き、「何もかもが地球にある」と書いている。おそらく、意味のある社会的交流から切り離されているという気持ちの表れだったのだろう。レベデフが、ハドフィールドと同じくらい熟達した宇宙飛行士だったことは間違いない。彼ならではの率直な洞察が反映された結果、今のように非常に建設的な形でミッションが展開されるようになった可能性が高い。また、公平に言うと、レベデフはしばしば宇宙の荘厳さにも言及している。それでも、宇宙への畏敬の念に混ざってフラストレーションや退屈が語られ、ついには抑うつ感が報告されるのだ。宇宙での生活が5カ月を過ぎたとき、レベデフは「われわれの仕事への興味は薄れつつある。もう窓の外を見たいとさえ思わない」と書いている。それと対照的に、ハドフィールドは、宇宙ステーションが静寂に包まれる瞬間がくると必ず、これこそ自分がなすべきことだと思ったと語っている。

不安、孤立感、そして決まりきった作業は、クルーに大きなダメージを与える可能性がある。それに加え、レベデフは、重要とは思えない要求が中心の地上管制に対するフラストレーションを、しばしば記している。たとえば、管制が健康状態を異常に気にするのは、彼にとってはイライラすることで、すべてにおいて自律性が奪われているように感じられた。この「自律性を欠いている」という感覚は、彼が頼みにしている機器との関係においても強調され、こう記している。「われわれは、機材の主人ではなく、奴隷である」

レベデフとハドフィールドが宇宙での生活について述べていることとの違いは、私たちが「個人―環境適合」と呼んでいる問題に関係する。レベデフは科学と宇宙旅行のパイオニアだが、宇宙での孤立がもつさまざまな側面に困難を感じた。ハドフィールドはこうした困難を軽減できた。すなわち、本質的に退屈させたりフラストレーションを与えたりするのは、特定の経験や環境における孤立や定型作業ではないのだ。最も影響が大きいのは、それらに対する私たちの反応である。根底にあるのは、すべてが、自分の能力を限界まで発揮し、精神的に没頭する方法を見つける、という二つの必要性をもつことである。極限環境に隔離されると、それらを満たすのは、はるかに難しくなる。人間が通常の没頭から切り離されたとき、スキルを発揮し欲求を表現する能力がどれほど阻害されるかを最も顕著に示す例が、独房に監禁された囚人である。この極限環境では、人が没頭できるものはないに等しく、こうした孤立が長期間続くと精神的な健康にきわめて有害な結果をもたらす。同じように、生か死かの活動に没頭するように訓練された兵士たちは、ただ時間を占有するための、つまらない「時間つぶしの仕事」を強制されると、適切に対応できない。

　これらの事例すべてにおいて、自分がしたいことや自分にできるとわかっていることと、環境や現在の状況が許容することは一致していない。退屈は「個人―環境適合」が低い状態がもたらす際立った結果なのだ。そのとき、私たちはスキルを発揮したり欲求を表現したりできず、したくないことをするように強いられ、提供されたことに没頭し続けられない。そして、「意味がない」という耐えがたい感覚がゆっくりと、脅迫するように、私たちの魂に忍び込み始めるのだ。

第7章

人生の意味を探し求めて

・・・

題目から想像していたのは、もっと興味深い内容だった。だが、講演が始まって15分たつと、その題目すら思い出せなくなっていた。何かテムズ川のバクテリアの生態に関連した題目だったんじゃないだろうか。自分の研究分野そのものではないが、ごく近い領域だった。だから聞く価値があると思ったはずなのだ。

前置きに興味を引かれたし、独自の価値が感じられたので、最初は意識を集中して熱心に聞いていた。だが、どういうわけか話の要点が見えてこない。単調で間延びした話し方のせいかもしれないし、話題が専門的すぎたからかもしれない。どちらにしても、私は今、椅子の上でもぞもぞと姿勢を変え、しばらく力を抜いて椅子に背をあずけたり、前かがみになったり、両手で頭を抱えたりしている。まわりの聴衆を見渡すと、意味がないと私が見切った話に、なぜか夢中で聞き入っているように見える人たちがいる。私にはどこに意味らしきものがあるのかわからない。ほかの人たちは、私と同じように落ち着きなく体を動かしていて、行儀よく座っていられないようだ。

そのとき、同僚のゴールトン博士が、右手の一つ前の列に座っているのに気づく。彼は何かを走り書きしている。この長く退屈な講演から何を得ているのか知りたくなって、肩越しにそっと手もとをのぞき込もうとする。ゴールトンは、発表者の話に耳を傾けるのではなく、ひたすら聴衆を観察しているようだ。いったい何をしているのだろう。私は聴衆を見渡して、彼が見ているものを探した。

後日、たまたまゴールトンと会ったときに、何をしていたのか聞いてみた。

「聴衆がプレゼンにどれだけ満足しているかを調べていたんだ。私はあんまり話に引き込まれなかった。どんな姿勢になっていたかが何よりの証拠だよ。だが、それは自分だけじゃないと気づいた。ほかの研究者は、興味深いデータが発表されて話に集中しているときは、背筋が伸びて、ほとんど体が動かなかった。ところが、かわいそうな発表者が、私たちがテムズ川と呼んでいる、あの流れる泥の詳細な構成要素について講義してるあいだに、彼らは感覚や思考を集中できなくなって、もじもじしたり体を揺らしたりし始めたんだ」

ゴールトンは、講演の内容からではなく、自分が習慣的に喜びを得ている作業に、つまり、人間行動の計測から意味を引き出すために、時間を使うことを選んだのだった。

・・・

私たちが生きているのは、自分が解釈した世界だ。私たちが見たり、においをかいだり、聞いたり、味わったり、触ったりするものはすべて、個人が与えた意味によって色づけられている。私たちはパターンを見つけられる。目的や価値、意味がわかる。そして、感じ取ったものの価値を判断する。私たちが、自分のもっている資源を費やし、個人的な時間の多くを提供し、場合によっては命まで犠牲にするのは、すべて意味の追求のためである。消防士は危険な状況に飛び込んでいき、テロ集団は数えきれないほどの残虐行為を行い、超富裕層は資産の多くを寄付する。たどり着く結論は違っても、だれもが自分の経験に意味を与えずにいられないのだ。退屈は、この核心的な欲求に不可欠なものである。退屈によって、私たちは意味を失ったことに気づき、ふたたび意味を見出そうという動機づけを与えられる。

ベルゲン大学のラース・スヴェンセンは退屈の概念を拡張し、私たちは社会における意味の危機を反映した「退屈の文化」のなかに生きていると主張する。「退屈を比喩的に表現すれば、意味の撤退である。退屈は、意味への欲求が満たされていないと知らせる不快感だ」と彼は言っている。

意味を見出そうとする私たちの動機づけが最も痛切に描かれているのは、おそらくヴィクトール・フランクル[*1]が記したナチの強制収容所での悲惨な生活の記録だろう。彼が「意味への意志」と呼んでいるものは、最も非人道的な状況に耐えるために必須のものだ。さらに、意味への意志は、生き延びるための鍵であるだけではなく、自己実現のための鍵でもある。意味が欠如しているとき、私たちは自分の内部がうつろになったよ

＊1　ヴィクトール・フランクル（1905～1997）はオーストリアの精神科医、心理学者。フロイト、アドラーに学ぶ。アウシュビッツを含むナチスの強制収容所を生き抜く。収容所での体験をもとに記した『夜と霧』が代表的著作。人間には、人生を意味あるものにしたいと希求する根源的欲求があり、それを「意味への意志」と呼んだ。

うな空虚感を覚える。フランクルはこれを「実存的真空」と呼んだ。フランクルによれば、人間の多くの苦悩や悲哀の根底には、この、意味の欠如がある。彼は、退屈こそが主役であり、「実存的真空は、主に退屈した状態に現れる」と言っている。

哲学者や神学者、作家は、長いあいだこうしたテーマと格闘してきた。たとえばラインハルト・クーンは、今や古典となった著書『*The Demon of Noontide: Ennui in Western Literature*（真昼の悪魔――西欧文学におけるアンニュイ）』のなかで、退屈という概念の歴史を鋭い洞察力をもってたどり、退屈がどのように私たちの現実を反映し、また形づくってきたのかを探っている。それに比べると、科学者たちが議論に参加するのは遅かった。比較的最近の研究は、意味を求める欲求と退屈経験との関係について、何を明らかにしているのだろうか。

退屈と「意味の喪失」

キングス・カレッジ・ロンドンの社会心理学者ウィナンド・ファン・ティルブルフ

と、彼の指導者であるリムリック大学のエリック・アイゴウは、退屈と意味の関係の実験的研究における第一人者である。一連の基礎研究において、彼らは、人々がどんなときに退屈し、どんなときに悲しみや怒り、フラストレーションを感じたかを調査した。別の研究では、コンクリートに関する参考書の書誌情報を書き写してもらうという方法で、被験者を退屈に誘導した。どちらの場合も、退屈と顕著な関連があったのは、「意味がない」という気持ちだった。ファン・ティルブルフとアイゴウは、意味の欠如は退屈を決定づける特徴だとしている。

私たちの考えでは、人は退屈すると、起こっている事態に意味や重要性がないと感じる。重要性の欠如は、その瞬間に欲している活動に没頭できないことの結果だ。決められたタイミングで一つのボタンを押し、しばらくして別のボタンを押すという、ハンフリー・ポッターのような仕事（第３章参照）であれば、その単調な作業に意味を見出すのは難しい。一方で、自分が没頭している、つまり退屈を感じていない活動にも、意味がないと感じることはあると、私たちは考えている。つまり、退屈と、状況に意味がないこととのあいだの関係は非対称なのだ。

研究者たちは、より大きな人生の意味と、退屈とのつながりも探究してきた。状況的な意味と人生の意味の違いを理解するためには、自分の人生には多くの意味や目的があると感じている人たちを想像するとよい。彼らは首尾一貫した価値観と信念をセットでもっていて、それが経験に意味を与え、行動を導いている。しかし、たとえば土曜日の朝、スーパーのレジに並んでいるときには、「意味のないことに時間を浪費している」と感じる。大きな人生の意味はもっているが、列に並ぶことには状況的な意味を見出していないのだ。重要な違いは、「意味がない」という気持ちの参照基準である。一方における評価基準はその人の人生全体だが、もう一方では、評価基準が特定の状況と結びついている。正確に言うと、両者の境界は常に明確とは限らない。知らないうちに一方が他方に滲出《しんしゅつ》している場合もあるし、目に見えて滲出が起きることもある。仕事で、何か単純な作業をしているところを想像してほしい。賃金の請求書を作成するために、その日の活動を15分単位で日報に書き入れるといった作業だ。あなたは今の仕事が好きだし、自分の人生にとって意味があると感じているが、その作業に関してはそうではないかもしれない。それでも、この二つの意味の区別は、退屈と意味の関係を理解するうえで非常に重要だと、私たちは考えている。

「自分の人生には意味が欠けている」と感じている人々は、退屈を感じることが多い。これは若年成人か中高年かを問わずあてはまるので、人生の意味を定義したり評価したりするための、直接的あるいは間接的な方法として使われている。政治に没頭している人々は退屈を訴える傾向が低い。政治でもほかの何かでも、目標を達成していると報告する人々は、やはり退屈を訴える頻度が低い。その人が意味を生み出すのに成功しているか失敗しているかによらず、退屈は意味と結びついているのだ。

私たちの研究で、人が自分の人生をどれくらい意味深いと考えているかによって、将来の退屈を感じる可能性を予測できることがわかっている。この研究結果は二つの点で重要だ。第一に、退屈と意味が長期間にわたって関連していることを明らかにした。第二に、退屈を生むのは、実は人生の意味に関する信念だという可能性を示した。この成果は、ほかの研究によって裏づけられている。たとえば、臨床事例に基づいた研究では、頻繁に退屈を感じる人には、人生に意味を与える長期的な目標がないという共通点が見出されている。人生の意味を感じるために、だれもが資産価値数百万ドルのソフトウェア帝国をつくって、慈善団体を創設する必要はないが、大きな長期目標をもつことは有益である。

デュケイン大学のリチャード・バーグディルは、人生の大きな計画で妥協すると、慢性的な退屈が生じると主張している。彼は、退屈を頻繁に感じる人々に綿密な聞き取り調査を行い、彼らが、人生の大きな計画をあきらめた事実を受け入れていないことを発見した。彼らは、自分が夢や目標を追求できなかったのは、ひどい教師や病気といった、他人や生活環境のせいだと説明した。その一方、心の深いところでは、あきらめて最後までやり通せなかった自分にも怒りを感じていた。彼らが十分に人生に関われないのは、本当にやりたいことをしていないからだった。そのうえ、将来の人生に満足する可能性について悲観し、時がたつにつれて、ますます消極的、防衛的になり、自分の内面へと後退していったのである。

こうした研究が示すヒントを前にすると、つい、人生の意味の欠如が退屈を引き起こすと断定してしまいたくなる。しかし、人生の意味の欠如と退屈のあいだにあるのは相関関係であり、科学者の卵のだれもが教えられるように、相関関係は因果関係ではない。研究者が調べていないほかの多くの要素のなかに、人生の意味と退屈が関連している理由を説明できるものがある可能性も否定できない。

因果関係の問題は検証が難しい。結婚、葬儀、子どもの誕生といった、人生で大きな意味をもつ出来事を実験で変えるのは、倫理に反するし、そもそも不可能だ。だが、人々に頼んで、かつて人生の意味を強く感じたときや逆に失ったときを思い出してもらうことはできる。そうすると、一時的に、人生の意味についての思考や感情にバイアスがかかるので、そのバイアスが、現時点の退屈感に影響を与えているかどうかを調べればよいのである。

私たちは被験者を実験室に招き、人生の意味の定義について詳しく説明した。次に、一つのグループに、それまでの人生で特に大きな意味を感じたときを思い出してもらい、状況を簡潔に記述してもらった。もう一つのグループには、意味がないと感じたときを思い出して、状況を記述してもらった。そして、人生の意味についての感情が一時的に変わったあとで、被験者の退屈のレベルを測定した。予測どおり、意味がないときを思い出してもらったグループは、意味深いときを思い出してもらったグループよりも高いレベルの退屈を示した。人生の意味が感じられないと退屈が生じる可能性があるといえる。

人生の意味や目的が感じられているとき、世界に没頭するための選択肢は明らかで、必然的に決まる。それに対し、意味や目的がなくなると、行動の選択肢の価値や重要性は次第に消えていく。特に何かをする理由がない場合、ほかのことではなく、ある特定のことをする理由を見つけるのは困難になる。意味が人間を行動へと駆り立てるのは、その行動が重要性をもつからだ。人生の意味を失えば、私たちは方向性を失い、欲求にとっての難題にはまり込み、退屈する。

別の実験では、被験者を退屈させたあとで、「人生の意味をどう感じているか」について質問した。その結果、人は、退屈していても人生を無意味とは感じないことがわかった。子どもが通う学校のクリスマス発表会で、息子や娘が登場する5分間のために、退屈に襲われながら4時間座っていても、親であることの意味や価値は減らない。すなわち、人生の意味の減少が一時的な退屈感を引き起こすことはあっても、その逆は成り立たないのだ。一見すると、これは「退屈は目的がないと感じることと結びついている」という、私たちの当初の主張と一致しないように思えるかもしれない。だが、この矛盾は、人生の意味と状況的意味とをはっきり区別すれば解消する。人が自分の置かれた状況を意味がないと感じる可能性はあるが、退屈が人生の意味の感覚を変えるという証拠は見つかっていない。

人生の意味や目的をもっていない人は、しばしば退屈を感じると訴える。人生の意味や目的の欠如は、実際に退屈を引き起こす可能性がある。だが、退屈しているからといって、必ずしも自分の人生に意味がないと感じるようになるわけではない。これは直感的に理解できる。なんらかの個別の退屈の症状が、人生についての一般的な思考や気持ちに変化をもたらすとは想像しがたいからだ。しかし、長期にわたる退屈の経験が、「自分の人生には意味がある」という見方を徐々に変えていく可能性はある。

したがって、新たな研究成果は、退屈と意味に関する私たちの当初の考えを裏づけるとともに、洗練させたといえる。これまでに見てきたとおり、私たち自身は、退屈を一つのシグナルだと考えている。それが知らせるのは、心が空虚で、欲求にとっての難題にとらえられている状態、要するに、没頭していない状態である。私たちは、退屈の中心にあるのは、意味の欠如よりも没頭の欠如だと考えている。それにもかかわらず、心を満たさず、欲求に由来しない活動は、概して無益で価値がないものとして経験される。退屈していると、人は自分の置かれた状況を意味がないと感じるのである。その価値評価が、人間を意味があるものの探求に向かわせるのかもしれない。

「意味の発見」と平和の関係

次に挙げるものすべてに共通するものは何だろうか。ノスタルジー、気前のよさ、極端な政治的信念、自分たちとは異質だと判断した人々への攻撃性。これらは、退屈したときに、人が救いを求めて頼るものである。一見すると、退屈が、なぜこれほど幅広い結果につながるのか、わからないだろう。それを理解する鍵は、意味である。以前から、人間は、無意味さという脅威に対する防御手段として、こうした表現を利用することが知られている。

ファン・ティルブルフとアイゴウは、人々を実験室で退屈させ、こうした意味調整行動をとるかどうかを調べる実験を行った。もし、そうした行動をとれば、退屈は「意味がない」という気持ちと関連するだけでなく、「失った意味を取り戻したい」という動因を引き起こし、それをさまざまな形で発現させる有力な証拠になると、彼らは推論したのである。

たとえば、「意味を見出したい」という動因は、人を感傷的な夢想に向かわせる可能性がある。非常に退屈な作業をしたあとで、何でも好きな記憶を呼び起こすように言われた人は、あまり退屈しない作業をした人と比べて、感傷的な記憶を思い起こした。意味は、退屈と感傷的な記憶をつなぐ要《かなめ》なのである。また、退屈した人々は意味の追求にも貪欲であり、その追求は感傷的な記憶の増加と関連していた。意味を求めているときに、その日の朝食に何を食べたかを思い出しても、あまり役には立たない。思い出す傾向が大きいのは、たとえば生涯のパートナーと出会ったときなどの、人生の重要な瞬間である。こうした記憶は個人的な関連性が強く感じられ、本人にとっての意味も大きい。最後に、推論を完結させる要素として、感傷的な記憶を呼び起こしているときは、意味に満たされる感覚の増大が見られた。

退屈が私たちを寛大にすることもある。研究によると、退屈な作業をし終えたばかりのとき、私たちは、興味深く、没頭できる作業を終えたときと比べて、より多くのお金を慈善事業に寄付しようとする。そのうえ、慈善事業の効果が大きければ、さらに多くの額を喜んで寄付する。一方、退屈していない人の寄付への意志は、慈善事業の有効性に影響を受けない。退屈した人が特に、効果的な慈善活動に関心をもつのは、おそらく失った有意味感を回復するために、退屈に駆り立てられて向社会的行動を求めるからだろう。少なくとも、単に刺激を求めているのでも、お金の力で退屈という試練から抜け出そうとしているのでもないのは明らかである。彼らは、自分たちのお金が実際に社会に貢献していることを、手間暇かけて確認しようとしているのだ。1949年にテレビ俳優ミルトン・バールがチャリティも目的として史上初のテレソン[*2]を始めたとき、彼はたぶん何かを知っていたのだろう。テレソンは視聴者にとってあまりにも退屈な試練だったために、何百万ドルもの寄付を集めた。だが、不幸なことに、意味の追求が常に好ましい結果につながるとは限らない。事実、それは紛れもない暗黒面をもつことがある。

ジンゴイズムとは、よそ者に対する攻撃的な姿勢をともなう極端な愛国主義を意味し、現代世界において、間違いなく多くの苦しみの原因となっている。退屈は、この破壊的な社会現象の原因の一つかもしれない。実験室で意図的に退屈させられた人は、退屈していない人と比べて、自分が属する文化の名称やシンボルに肯定的な姿勢を示した。また、彼らは、同じ仲間と認めない人（たとえば異なる文化的背景をもつ人）には通常より厳しい刑罰を科し、同じ文化に属する人には通常より寛大な刑罰を科した。退屈は人に有意味感を取り戻させようとすると考えられるが、有意味感を回復しようとすると、行動に変化が生じる。その変化は、人を強力なアイデンティティーの象徴へと向かわせる可能性がある。

また、退屈は人々の政治的な考えを極端な方向に動かすこともある。左翼もしくはリベラルを自認する大学生と、右翼もしくは保守を自認する大学生に、退屈な作業をして

＊２　長時間にわたり、特定のテーマに関連してキャンペーンを展開するテレビ番組のこと。「テレビジョン」と「マラソン」を合成した造語。

もらったあとで政治的立場を尋ねたところ、退屈な作業をしなかった同じグループの学生と比べて、政治的により極端なところに自分を位置づけた。退屈すること自体が、人を、より右傾化ないし左傾化させたのではない。退屈はただ、人々のあいだに以前からあった政治的な違いを強調しただけである。妥協を許さない強いアイデンティティー意識が、「自分の人生に意味と目的がある」という感覚を与え、退屈を退けるのに役立つのは間違いない。私たちは、政治の世界で常に両極化が進行してきた（そして今も続いている）最大の原因が退屈の蔓延《まんえん》だと主張しているわけではない。ただし、退屈と、ある集団への帰属意識に意味を見出そうとする試みが、政治における両極化になんらかの役割を果たしているかもしれない。

なんらかの有意味感を確立しようとする努力は、少なくとも、政治的過激主義や「よそ者」を誹謗《ひぼう》中傷するという意味において、退屈を部族主義の原動力に仕立て上げる。悪いことに、頻繁に退屈を感じる人は、この世界に有意義なものを見出そうとするあまり、英雄を崇拝し、英雄に煽動《せんどう》される可能性が高いことがわかっている。これは危険な状況を生み出しかねない組み合わせだ。退屈している人は、いつでも世界中に大勢いる。彼らは、自分のしていることに意味がないと感じていて、すぐに得られる答えを探しているかもしれない。巧みな弁舌で、人々を「われわれ」と「彼ら」の両極に分けるカリスマ的指導者（ほとんどが男性）が、明らかな欠点があるにもかかわらず、献身的な信奉者を獲得する可能性は否定できない。そこから、ますます過激化する政治思想や世界観まではほんの一歩だ。指導者は信奉者に意味を与え、信奉者はそれを簡単には手放さない。不幸なことに、歴史も、現在の出来事も、そうした恐ろしい筋書きにあふれている。神学者のネルス・F・S・フェレーは、次のような鋭い指摘をしている。「人生で真の満足を経験していない人々は平和を求めない。人々は、無意味さと退屈から逃れるために、恐怖とフラストレーションから解放されるために、戦争を招くのだ」

実際、最近の社会学の分析は、ほかのことに目を向けずに、平和だけを追求するのは近視眼的だと示唆している。戦争を極力減らすためには、人々が、みずから自分の人生を創造し、意味を見出せるようにしなければならない。さもなければ、退屈が蔓延し、結果的に暴力に魅了され、戦争を賛美する人が増えるだろう。もちろん、退屈だけでは戦争の引き金にはならないが、退屈によって戦争の下地が整えられ、衰えてゆく有意味感を増大させるために、攻撃性が容認されるかもしれない。退屈すると、人は、人生に目的があるかのように感じさせてくれるものを求めて、あちこち探しまわる。「国王と国家のために戦う[*3]」、あらゆる社会悪を移民のせいにする、他者を誹謗中傷する旗幟《きし》鮮明な集団に入る、こうした行動はすべて、その欲求にかなっている。退屈は万能のシグナルではないので、こうした行動は道徳的に弁護の余地がないとか、破滅的な結果をもたらすなどと、私たちに警告してはくれない。

退屈は、「意味を回復したい」という欲求に火をつける。意味を回復しようとする試みが、有益な行動や成果（感傷的な夢想や、慈善事業への寛大な寄付）につながるのか、破壊的な目標の追求（過激な政治思想や他者への攻撃性）へと向かわせるのかは、最終的には私たち次第である。短期的にも長期的にも、社会と私たち自身にとって有益な形で退屈に反応する責任は、私たち自身にあるのだ。

退屈と「意味づけ」のプロセス

ここまで、私たちは、意味を「出来上がったもの」として扱ってきた。すなわち、私たちは、特定の状況や、広くいえば人生において、意味を失ったり見出したりする。ここでいう意味は、私たちが個人的または集団的な意味として認識する、自分にとっての意味といえるが、それは、私たちが個人として加わるさらに大きな社会構造に根ざしている。退屈を深く理解するためには、退屈と「意味づけ」のプロセスとの関係について考える必要がある。意味の欠如は問題だが、ただ意味があるというだけでは十分ではない。かつては新鮮で魅力的だったものが、時の経過とともに色あせることがある。個人の信念や人生の計画にも、評価の見直しや変更、再確認が必要だ。親密な人間関係を育むためには持続的に手入れをすることが必要なように、意味づけは進行するプロセスな

＊3　両大戦間の1933年に、オックスフォード大学の学生が「どのような状況下であれ、国王と国家のために戦争に参加することを拒否する」と決議した「オックスフォードの誓い」の引用。

のである。

人間は、実体がないところでも意味づけができる。最ものどかな（そしておそらく最もありふれた）意味づけの例は雲の観察だろう。私たちは、空をただよいながら形を変える雲のなかに、人の顔を見たり、架空の動物を見たりする。もっと極端な例としては（テレビの「砂嵐」などの）ホワイトノイズがある。ほとんどの人が、ホワイトノイズを長時間見つめていると、やがて何かの形が、そこにはまったく存在しない形が見え始める。これは、人間の脳が、経験するものすべてに意味を求める〝意味づけマシン〟であることを示している。

１９６０年代のある研究では、短時間の感覚遮断を受けた被験者に、ことわざを読むように依頼した。あることわざは正しく書かれているが、別のことわざは語順がでたらめになっている。退屈が最も高まったのは、語順を入れ替えていないことわざのときだった。つまり、意味づけになんの障害もない状況である。それに対し、でたらめに並べられた単語から意味を生成するプロセスに集中する必要があるときは、被験者はそれほど退屈しなかった。私たちは、世界と協力して意味を生み出すのをやめると、退屈に

図 7.1　ウサギ・アヒル錯視。1892年に発表されたこの絵は両義的である。物理的な絵は変わらないのに、見る側の解釈は変わり得る。わからない人のためにいっておくと、アヒルのくちばしはウサギの耳でもある。

おちいりやすくなる。プロセスとしての意味には、コインのように二つの面がある。一方の面では、意味を与えてもらうために、状況は私たちを誘い込んで協力させ、支援しなければならない。状況は、前もって決められていたり、固定されたりしないし、混沌となることもない。裏の面は私たちに関するものだ。私たちは、受動的に受け止めるのではなく、能動的に意味づけに参加しなければならない。

たとえば、図7・1について考えてみよう。この絵のなかには何が見えるだろうか。

たぶん、この絵はどこかで見たことがあるものだろう。この絵が明らかにするのは、私たちが意味づけのプロセスに何かをもち込むという事実である。物理的な絵は変わらないのに、私たちはそれをアヒル（くちばしが左を向いている）としてもウサギ（鼻が右で、耳が左）としても解釈できる。この絵を、公共のトイレに掲示されている「男性用」と「女性用」を表すピクトグラムと比べてみるとよい。こちらには紛らわしいところはなく、何もしなくても理解できる。

ある状況を退屈だと感じるのは、没頭や理解のしかたが特定の一通りしかない場合である。いわば、一種類の遊び方しかできないおもちゃ、たとえばコマと、無限の可能性がある工作粘土の違いのようなものだ。私たちが意味づけに加わる余地を残さないあらゆる状況は、すぐに意味がなく退屈に感じられる。言い換えれば、私たちがその場に着く前に、状況や物事の意味が固定し、決定されているときは、見えるものがそのまま得るものであり、何かが加わる可能性はない。そして、自分に見えるものはほかのだれにも見えるものであり、今見えるものは明日、あさって、しあさってに見えるものとなんら変わらない。

退屈な状況は「見え隠れ」、つまり隠れてまた現れる、という日本庭園のデザイン原理が実現できていない状態だといえる。回遊式日本庭園は、さらなるものを期待させることであなたを引き込むようにつくられている。そこには、庭全体を見渡せる唯一の場所は存在しない。庭の景観は、人がそのなかを歩くことによって見出され、あらわになるのだ。庭園を魅惑的にしているのは、発見を期待させることであり、それはバーレスクショーが全裸よりも興味を誘うのに似ている。退屈とは、可能性の誘惑を失い、果てしなく続く、見通しのきかない現在に閉じ込められたように感じることだ。時間の流れは止まり、まだ実現していない未来に運んでくれる力はどこにもない。未来は、ただ現在が増えただけのものになる。

前もって決められ、固定された意味が、状況から提供されるかどうかは、まだ話の半分にすぎない。量子力学に関する大学の講義に出席しているところを想像してほしい。あなたには物理学の知識がまったくない。専門用語がごちゃまぜになって押し寄せてくるが、何も頭に入ってこない。全然、意味がわからないのだ。話の内容がまったく理解できない。あなたは、すぐに、自分が途方もなく退屈していることに気づく。退屈で頭がどうにかなりそうになる。つまり、前もって決められた、固定した意味からは、きわめて複雑な情報もまた意味づけを妨げるという事実が示される。プロセスとしての意味を妨げる、これら二つのものは「冗長性」と「ノイズ」と呼べる。

冗長性のなかには好ましいものもある。もし、公共のトイレが男性用、女性用を示すのに、場所によってまったく異なるピクトグラムを使っていたら、ひどい混乱が起きるだろう。一方で、観ている動画が、まったく同じシーンを何度も繰り返していたら、ほとんどの人は、結局、退屈してしまうだろう。多様性が人生のスパイスだといわれるのは、それが私たちの注意を引き、知識を拡張するのを後押ししてくれるからである。だが、多様性が過剰になると、しまいには「ノイズ」になり、「なんの意味もない、響きと怒り」[*4]に満ちることになる。量子力学の講義は、専門の学生には面白いかもしれないが、初学者にとっては、ふだん親しんでいることから遠くかけ離れている。冗長性が0%で、多様性が100%だといってもよい。あまりに耳新しくてまったく理解できないため、単なるノイズに格下げされてしまうのだ。冗長性が大きすぎても、あるいはノイズが多すぎても、私たちは有効に意味を理解できない（この考えは第8章で展開する）。人を引き込まず、意味づけを許さない状況は退屈だ。そのうえ、こうした状況は人を無力にする。

退屈な状況は、意味づけする存在としての私たちを疲弊させる。スヴェンセンはそれを次のように表している。「人間は世界を形成する存在、能動的に自分自身の世界を構築する存在である。だが、あらゆるものに、必ず、事前に、完全な意味が付与されていたら、能動的な世界構築は不必要になり、私たちは世界との関係における摩擦を失ってしまう」

「不必要」という語は、引用部分のキーワードである。完全に意味を与えられた状況は、どんなものであっても、私たちが世界とやり取りする処理能力を不必要にする。退屈な状況は、私たちをモノ化し、主体感を奪い、本質的にほかの観察者と交換可能な存在にする。私たちは、なんらかの意味のある形で経験に手を加えることができない。公共の場所のトイレにあるピクトグラムが、よい例である。それらを見ても、私たちは意味を生成しないので、解釈をする必要がない。

＊4　シェイクピアの戯曲『マクベス』第5幕第5場、マクベス王の独白より。

「意味づけのプロセスに加われない」という事実によって、私たちは、自分は不必要であるだけでなく、制御能力もないと感じさせられる。私たちは最初に第2章で言及した主体感を失い、能動的な創造者ではなく、受動的な、意味の受容者になるのだ。私たちは、コマが設計されたときに意図された働きだけを実行するという、その制限を受け入れなければならない。さらに悪いことに、私たちはコマに自分たちのニーズや欲望、意図にかなう、ほかの意味を吹き込むことができない。ルイビル大学の哲学者アンドレアス・エルピドルが述べているように、「退屈の世界は、ある意味で私たちの世界ではなく、私たちの計画や欲求に合致する世界ではない」のだ。

人間として、私たちは「意味づけをする」という生来の能力と欲求をもっているが、退屈している状況では、その能力を発揮する機会が与えられない。この意味において、退屈している状況が私たちを疲弊させるのだ。実際、きわめて現実的な意味で、私たちは不必要になる。この経験は、退屈したときに感じる憤りと屈辱の、部分的な説明になるかもしれない。退屈は私たちの人間性の毀損《きそん》なのである。

不明瞭な意味

退屈は、私たちに意味の欠如を警告してくれる。そして、物事がうまくいっているときは、退屈のシグナルは、能力を活用し、情熱を表現し、最終的には人生の計画において意味を見出すために役立つ活動へと私たちを導いてくれる。しかし、いつもそううまくいくとは限らない。退屈は、意味への動機づけとしては不十分だ。実際、退屈していないからといって、意味があることが保証されるわけではない。

意味の創造につながらない、退屈を抑制する方法は、常にいくつも存在する。いつでもできる興味を引かれる活動だ。テクノロジーが、退屈と意味の適応的な関係を阻害しているかもしれない。動画配信サービスでドラマを一気見したり、ゲームアプリに何時間も浪費したりするのは、意味を創造するために最適な方法とは思えない。現代の社会には、簡単にアクセスできて、すぐに実行できる、退屈から一時的に気をそらせる手段があふれている。だが、理性的に考えれば、実はこうした気晴らしへの執着が、退屈をさらに切迫した問題にしているとわかるだろう。私たちは、しばしば主張されてきたように、〝退屈感染症〟の大流行のまっただなかにいるのかもしれない。

第8章

現代社会に広がる〝退屈感染症〟

・・・

土曜日の朝としてはぶしつけな時間に目覚ましが鳴る。体を引きずるようにしてベッドから出て、7歳の息子に出かける用意をさせるために階下へ向かう。息子はソファに座っている。手に持ったタブレットのバックライトが彼の顔を照らし出している。ゲームをやっているのだ。

声をかける前に一瞬考える。『ヒーマンと超空の覇者たち』のアニメはもうやっていないんだろうか。『ロッキーとブルウィンクルの大冒険』の再放送だったらもっといいんだが。でも、どっちにしろあの子の好みじゃないな。とにかくタブレットを手放さないんだから困ったもんだ。

「朝ごはんの時間だよ。さ、行こう。今日はサッカーがあるんだろ」

息子は顔を上げずに、ふーん、みたいな声を出して、聞こえていることを示す。

しばらくして、息子と6～7歳の子どもの集団は、転がるサッカーボールのまわりに群がっていた。ちょっと応援を休んで、周囲を見回す。子どもたちの活躍を見に来た親たちが大勢いるが、全員が手に持ったスマートフォンを見ている。ときどき顔を上げて自分の子どもに声援を送ると、またすぐに、何かよほど興味を引かれるらしいネットのコンテンツに戻る。何をしているんだろう。人気のゲームアプリだろうか。それともインスタグラム？　昔ながらのテキストメッセージ？　いや、ほんとに保守的な人ならフェイスブックかもしれない。ネットには、グラウンドを走り回る子どもたちよりも関心を引くものがあふれているのだ。

エンターテインメントがこんなに容易に手に入る時代はこれまでなかった。それにもかかわらず、今、退屈が史上最高レベルにあるという人がいる。かわいいネコがおかしなことをする新しい動画が続々とアップされているのに、だれが退屈だなどとこぼすのだろう。ただし、私たちみんなが情報過多にうんざりしているというのなら話は別だ。あるいは、私たちとインターネットへの没頭は実はまやかしで、本当の没頭から逃げているのだとしたら、怖いことかもしれない。

・・・

「テレビやラジオをつけっぱなしにして、新聞を読んだり、朝食を食べたり、ときには人としゃべったりするのは、ごく普通のことだ。それに、身につけている腕時計やポケベルのビーッという音が、新たな刺激へと移動するタイミングを知らせてくれる。街を歩いていると、大型ラジカセを持ち歩いて、まわりに騒音をまき散らしている人を見かけるし、ウォークマンで自分だけの『音の繭《まゆ》』にこもり、どこでも音楽を楽しんでいる人にも出会う」。オーリン・クラップが、私たちの、あわただしく、気を紛らすものにあふれた生活、言い換えれば私たちの「音の繭」について書いたのは、なんと1986年のことである。時代遅れの大型ラジカセや「ウォークマン」や「ポケベル」をスマートフォンに替えれば、現代でも通じる主張だ。

当時も今も、人々が情報を過剰に取り込み続けると、ある時点で情報はノイズに変わる。そうなったとき、人々は世界から切り離され、退屈が生じる。当時、社会学者としてウェスタンオンタリオ大学に勤めていたクラップに従えば、そういうことになる。80

年代半ばといえば、ビッグヘアやタイトなジーンズ、シンセポップ、グラムメタルの時代だ。そのころすでに情報過多の影響を懸念していたクラップが、この21世紀の世界を見たところを想像してほしい。24時間絶え間なく更新されるニュース、数千人のフォロワーが限られた文字数の発言で繰り広げる容赦ない討論、クレジットカードよりわずかに大きいだけのデバイスに触れた指先にある世界。そうしたものはクラップの目にどう映るだろう。80年代に、人類は退屈の爆発的拡大のとば口に立っている、あるいはまっただなかにいるのではないかと考えたのは、クラップだけではなかったし、それ以前にもいた。たとえば、１９７２年、今はなき『ナショナル・オブザーバー』紙は、「〝退屈感染症〟大流行」という見出しのもと、メガロポリス、多車線高速道路、大型スーパーマーケット、巨大企業などによって、私たちの生活が変化のない単調なものになりつつあることを指摘していた。

情報過多は人類にとって問題だという懸念、もっと具体的にいうと、テクノロジーの進歩がさまざまな問題を引き起こすという懸念は、古くから議論のテーマだった。プラトンの『パイドロス』のなかで、ソクラテスは書記法の出現を嘆き、書くことによって

「学習者は記憶力を使わなくなり、学んだ内容を忘れやすくなる。外部に書かれた文字を信じ、自分で記憶しなくなるだろう」と言っている。皮肉なことに、プラトンがソクラテスの教えを書き残そうと思わなければ、私たちはソクラテスの哲学について何も知り得なかっただろう。前にも述べたが、19世紀の哲学者で、心理学における名言をいくつも残したウィリアム・ジェームズは「取り返しのつかない単調さが世界を覆いつつある」と嘆いた。ジェームズの言う単調さは、情報の「質」ではなく「量」の増大に関連していた。彼の概嘆から間もない20世紀の初め、ドイツの作家、社会学者、文明批評家だったジークフリート・クラカウアーは、印刷媒体の爆発的普及との関連で、情報過多への懸念をふたたび問題にした。クラカウアーは、「ニュースの増加は情報の増加につながらず、人間の信号とノイズを区別する能力を低下させただけだ」と主張した。基本的に、数年後のクラップの議論と同じである。

人類が退屈の爆発的拡大のただなかにいることを示すデータはほとんどない。この種のデータには、同一の個人の何十年かにわたる長期的な調査が必要なので、データをとれないのだ。だが、もし情報過多が退屈を醸成する条件だとしたら、膨大な情報が容易に得られるようになった時代は、退屈の問題がそれ以前よりも大きくなるはずだ。おそらく、退屈の問題は、その大流行というより、古くからある問題が顕著に現れたことにある。

では、退屈が没頭の必要性を知らせるシグナルだとして、どんな種類の没頭でもよいのだろうか。私たちは、インスタグラムやゲームアプリに時間を費やすことで満足を得られるのか。そうではないと私たちは考えている。だが、問題を掘り下げる前に、クラップの議論をもう少し詳しく紹介しておこう。古くさい大型ラジカセやウォークマンに関する詳細が出てくるのにさえ目をつぶれば、30年以上を経た今でも、現代の退屈について彼の解説から学ぶことはたくさんある。

ノイズから意味のある信号を取り出す

クラップは、単調さを退屈なものにするのは情報の欠如だと示唆している。単調な状況には、語義からして新しい情報はないといえるが、クラップによれば、人間は「新しい情報を得たい」という生得的な欲求をもっている。これは、アドレナリン中毒の人がスリルを求めるという意味での刺激欲求ではなく、発見の必要性を動因とする好奇心だ。だが、あまりにも多くの情報があったらどうだろうか。その状況では、私たちはノイズから意味のある信号を取り出せなくなると、クラップはいう。画面の下のほうにニュースのテロップが流れるのと並行して、キャスターが個別の話を詳しく語る。画面右側のワイプには、刻々と変化する幹線道路の交通状況が映し出され、一時間おきに天気予報が表示される。怒濤《どとう》のような情報の襲来から、私たちはどうやって意味を読み取ればよいのだろう。私たちが毎日出合う、そそり立つ情報の壁が生み出すものの一つが退屈だというのは納得できる。クラップの言葉を借りると、退屈は「物事のペースが速くなり、変化から意味が失われ、動きに終着点がなくなったときに生じる」。物事は常に起きているが、私たちはその意味を理解しようともがいているだけなのだ。そして、現代の、情報に容易にアクセスできる状況によって、少なくとも、物事の変化のスピードが上昇し続けているように感じられているのは間違いない。

その結果、情報取得状況の両極端、つまり情報過少と情報過多の極端で、私たちは意味の危機に直面する（第7章参照）。情報が少なすぎて心が満たされず、ある一瞬から次の一瞬への変化がないに等しければ、状況は耐えがたいほど単調になる。逆に、情報が多すぎて、そのなかをかき分けて進めない場合は、自分が常に押し流されているように感じるだろう。一つのツイートから次のツイートへ、一つの面白いネコ動画から次のネコ動画へ、いわゆる「最新」ニュースから次の最新ニュースへと流され、そうした情報のすべてに、もしあるとしたらどんな意味があるのかを、立ち止まって考えられないのである。

退屈は現代の情報過多の結果だというクラップの主張は、私たちは意味を見出したり与えたりする欲求をもっていて、それによって主体感を実現する、という観点から退屈を捉えている。繰り返しがすべて悪いわけではない。よく知っていることは理解の足がかりになる。私たちが音楽に心ひかれるのは、展開を予期しながら聴くからである。つまり、音楽は、耳になじんだものであると同時に、驚きでもあるのだ。同じように、多様性がすべてよいわけではない。シェーンベルクの交響曲は、無調音楽[*1]になじみがない人には、混沌としていて理解しがたい。極端な冗長性も、極端な多様性も、私たちが新しく意味のあるものをつかむための知的な足がかりを得るのを阻害する。だから、最適な形で世界に関わるためには、繰り返しと多様性のバランス、つまり、また別のゴルディロックスゾーンを見つけることが重要になる。この文脈において、退屈は、冗長性と多様性のあいだで、最善の妥協点を見出すためのシグナルとして機能する。これは、退屈というシグナル自体は問題ではないという、私たちの主張と一致する。結果が肯定的なものになるか、否定的なものになるかを決めるのは、私たちがそのシグナルにどう反応するかである。また、この解釈は、退屈傾向が高い人は情報処理の状況の両極端に存在することを示唆する。つまり、単調さの泥沼におちいっているか、新奇さに圧倒されているかである。どちらの場合も「ちょうどよい」ゾーンを見つけ損ねたのだ。

クラップは、情報過多と、その結果としての退屈につながる九つの潜在的な経路を示している。だが、最終的にここでの議論に最も関連があるのは、単純に、得られる情報の量である。私たちのもとに届く情報の量は常に増加している。目を覚まして世界と関わっているだけで、消火ホースから水を飲んでいるような感じがするかもしれない。要するに、過剰なのである。精神的な刺激が多すぎ、意味が少なすぎるため、刺激が一気に押し寄せたあとで、結局、退屈してしまう。情報を理解し、デジタル信号のなかに意味を見出すためには、時間や努力が必要なのだ。言い換えれば、意味づけがゆっくりと進むのに対し、情報は急速に蓄積するので、クラップが「情報の慢性的消化不良」と呼ぶものにつながるのである。物事に意味を与えるためには、さまざまなソースの情報を統合し、それが何を意味するかを解釈しなければならない。一方、情報を得るのは、受動的に受け入れるだけの簡単な作業だ。このインターネット時代に膨大な情報に襲われたとき、私たちが統合と解釈という難題に対処できずに、それらを省略した安易な処理方法をとる可能性は大きい。私たちは、洪水のようにあふれている情報をより深く理解するという骨の折れる作業を避けるために、ツイッターに頼ることになるかもしれない。あるいは、一切を遮断してしまうことになるかもしれない。いずれにせよ、行き着くところは退屈である。

＊1　調性の枠組みの支配性を否定した、調性のない音楽のこと。一般的な聴衆には協和音ばかりの、意味不明な音楽とみなされることもある。

ほとんどだれも予測しなかった規模で起きた、デジタル時代の情報爆発は、結局、意味づけという難題を解決するのではなく、いっそう難しくした。私たちが没頭し、意味づけをする能力を阻害されている状況で退屈が生じるのなら、今の時代は退屈した人々であふれ返ると考えて当然だろう。言い換えれば、今の「情報化時代」あるいは、まさに「情報爆発時代」が訪れたために、物事に意味づけし、さらに退屈を回避するという作業が、以前よりはるかに困難になったのではないだろうか。

大切なことなので繰り返すが、この問いに直接答えるデータはほとんどない。退屈の表れ方について経時的な変化を計測するためには、大きな集団に長期間にわたって同じ質問をする必要がある。個人の認識が時間とともにどう変わり、新たな世代が前の世代とどう違うかを調べる長期研究が必要なのだ。仮に退屈が増大しているとして、その主な原因がインターネットやスマートフォン、SNS、ツイッターの世界なのかどうかを判断するのは、もっと困難である。比較群として、そうしたものを使わない人々の集団を見つけなければならないからだ。ここでの比較群は、情報の洪水を避けられたときに、退屈レベルが上昇しないことが予測されるグループである。たぶんアーミッシュ[*2]のグループならそういう情報が得られるだろうが、文化が社会の大勢と違いすぎているので、実際には比較群に適さない。そのため、残念なことに、退屈が増加しているかどうか、原因はインターネットなのかどうかを知るために必要なデータセットを、私たちはまだもっていない。

だが、ほかの情報源を頼りに、時間とともに何が変化したのかを推論することはできる。ギャラップ調査のような世論調査は役に立つ可能性があるが、調査結果の情報を求めている人々の要求によって質問項目が変わるという問題がある。出版物で「退屈」といった言葉がどのくらい使われたかを調べるのも、経時的な変化を知るヒントになる。実際に、クラップが行ったこの種の分析では、「退屈」「決まりきった仕事」「単調さ」などの言葉が、１９６１年には、30年前の１９３１年の２・５倍も使われていることが明らかにされている。「退屈」だけに限ると、同じ期間で使用頻度は10倍になっている。

＊2　アメリカ中西部や著者らの住むカナダのオンタリオ州に居住し、移民当時の生活様式を保持しながら、農耕や牧畜によって自給自足生活をしている宗教集団。

ほぼ同じころ、1969年に実施されたギャラップ調査では、回答者の約50%が、自分の生活は同じことの繰り返しだとか、非常に退屈だと訴えている。ただ、残念なことに、その質問は一回の調査でしか行われなかったので、上昇あるいは下降のどちらの傾向も見出せない。

退屈が増加しているかどうかを断言するのに十分な証拠がないのは悔やまれる。しかし、情報量と、情報へのアクセスの容易さが増しているという認識を受け入れるならば、情報の増加がもたらす、退屈と直接関連するほかの結果の検証に取り掛かることができる。

20世紀を通じて、そして21世紀に入ってからのこの20年間にも、情報と情報へのアクセスが劇的に拡大したことには議論の余地がないように思える。ジオデシック・ドームの開発が特に有名な、建築家のバックミンスター・フラーは「知識倍増曲線」という概念を考案した(本来は、知識と情報は区別したほうがよい)。この概念を適用すれば、1900年まで、人類の知識はおよそ1世紀ごとに2倍になってきた。その後、増加の速度は上昇して20世紀の半ばまでに25年ごとになり、今ではたった1年で倍になると推測されている。加速の割合は、蓄積される知識の特性によっても異なる。科学的な情報は、わずか8～9年で倍増すると考えられているが、20世紀全体と21世紀になってからの変化の速度は指数関数的に増えている。同時に、そうした情報へのアクセスに要する時間も、信じられないほどに短縮された。みなさんのなかには、図書館で雑誌記事をコピーしたり、マイクロフィルム資料を読んだりしたのを覚えている人もいるだろう。クラップが退屈について論文を書いていたころ、情報の伝達速度は毎秒25万6000ビットだったが、今は毎秒100メガバイトに近づいている。

クラップの考えでは、こうした情報爆発が起きれば退屈の増大は避けられない。私たちがとれる選択肢は必然的に二つしかない。一つは、ノイズの少ない環境に引きこもること。もう一つは、クラップが「自我の叫び」と呼ぶ、情報過多によって引き起こされた退屈に対する反応として、ノイズを上回って聞こえるように必死に努力することである。SNSの隆盛を見ると、クラップの理論を素直に事実として受け入れるしかないように思える。なんとかしてたくさんの「いいね!」をもらおうと、日常的な出来事をフォロワーと共有するのは、紛れもなく、ノイズを超えて届けたい叫びである。ツイッター戦争、ユーチューブにあふれるネコの動画、荒らし投稿の増加などもそうだ。私たちが、ほかのだれよりも大きな声で叫ぼうとする理由の一つが、情報爆発への反応であるのは明らかだろう。ただし、クラップの主張は、まだ理論的な議論であり、実験による裏づけが必要だと指摘しておかなければならない。

退屈が増加した原因は、情報そのものではなく、情報の媒体自体である。ここまでに私たちが示唆してきたように、非難されるべきは、おそらく、インターネットやSNS、スマートフォンなのだ。次の項では、最近の証拠に基づいて、私たちのこうした主張を検証する。

インターネットの誘惑

World Wide Webの始まりは複雑だ。ここでは大まかに、アメリカとヨーロッパの多くの研究グループが関わって1960年代後半に成立したと言っておこう。最初の公衆インターネットサービスプロバイダは1980年代後半に運用を開始し、その後

10年で、私たちが知っているような手軽なインターネットの利用が爆発的に広がった。この爆発と軌を一《いつ》にして、１９９０年代後半までに新たな精神疾患の診断が提案され、大きな議論を呼んだ。インターネット依存症である。この診断は、通常は物質乱用障害（たとえばアルコール依存症や薬物依存症）だけに用いられる用語で定義されていた。つまり、一週間に38時間以上をインターネットに費やし、インターネットにつながっていないと不安になり、インターネットを利用する結果として日常生活に問題が生じている人々が、依存症だとみなされたのである。

初期の研究では、インターネットの利用と退屈のあいだの関連性が明らかにされ、没頭を求めてインターネットへ向かうのは、退屈に対する反応であることが示唆された。たとえば、16～19歳の若者のあいだでインターネット依存症が蔓延《まんえん》しているのは、余暇による退屈が原因であるようだ（第４章参照）。満足できる没頭を求める場がほかに見つからないために、若者たちはインターネットにうつつをぬかすことがあり、研究によって幅はあるが、その４～12％が、そこから抜け出す方法を見つけるのに苦しむことになるのだ。退屈すると、私たちはその気持ちを軽くしたり取り除いたりするためのはけ口を探す。インターネットは、没頭するために利用できるものを劇的に拡張した。そうしたものへのアクセスが桁違いに容易になったのはいうまでもない。

ウェブへのアクセスが普及した当初は、インターネットを利用するのにコンピューターが必要だった。その後、どこでも使えるスマートフォンが、コンピューターにすっかり取って代わった。研究者たちは、スマートフォンの使用に関して、どういったことが問題になりうるのかを明確にし始めている。スマートフォン依存症の症状には、使用頻度の単純な増加だけでなく、ウェブにアクセスできなくなると感じる不安や敵意、すなわち禁断症状が含まれる。トレド大学のジョン・エルハイらは、さまざまな変数間の関係を調べる「構造方程式モデリング」という統計手法を使って、問題のあるスマートフォンの使い方が退屈によって予測できることを示した。つまり、退屈すればするほど、不健康な形でスマートフォンに執着するというのである。

この議論は慎重に行う必要がある。これは、クラップの「情報の増加が過負荷につながり、最終的には退屈におちいる」という主張のように単純ではない。なぜなら、インターネットやスマートフォンは退屈からの魅力的な避難場所になるが、結局は私たちを疲弊させ、長い目で見れば事態を悪化させる可能性が高いからである。インターネットは、依存性のあるほかの行動と同様に、すぐに効果が得られる手軽な気晴らしを一時的に提供してくれる。ユーチューブは、見ているあいだは退屈を遠ざけてくれるが、やがて役に立たなくなり、健康に悪影響を与える。悪循環が始まるのだ。私たちが、自分の心を満たせず、没頭できないとき、インターネットは退屈からの避難所になる。しかし、この避難所を特徴づける膨大な量の情報から得られるのは薄っぺらな没頭であり、結局は役に立たなくなる。インターネットへの接続を絶つと、最初に直面していた問題、つまり、「何をすればよいのか」という問いに戻るのだ。ＳＮＳやスマートフォン、インターネットは、私たちの注意を引き、つなぎ止め、ゆううつから短期的に解放するようにできているのである。だから、私たちが悪循環にとらえられて、抜け出せなくなるのは不思議ではない。

　どういう目的でネットサーフィンをしているのかと問われると、「時間をやり過ごすため」と答える人が多い。刑務所の囚人が「時間つぶし」や「暇つぶし」と言うのと違って、「それよりもよいことや意味のあることがない」という気持ちが含まれている。こうした時間の費やし方は、退屈を避けようと模索するなかで、かりそめの希望となるインターネットについて、重要なことを浮かび上がらせる。私たちは、何かをしたいと思っているが、何でもよいわけではないという事実である。すでに定義したように、私たちを退屈へと向かわせる力の一つは、「自分のスキルや才能を最大限に活用できることをしたい」という欲求である。やり遂げたときに満足感をもって振り返ることができるような何かをしたいのだ。インターネット、もっと具体的にいうとSNSは、確かにするべきこと、時間を費やすことを与えてくれる。だが、それはせいぜい主体的な没頭の似姿であり、「自己決定した、価値のあることをしたい」という深い欲求を満たしてはくれない。

過剰な情報は、最終的に人を退屈させるし、インターネットやスマートフォンが与えてくれるのは、私たちが希求する本当の没頭の似姿でしかない。フロリダ大学の政治学教授であるレスリー・ティーレの言葉を借りれば、これまで私たちが考察してきたのは、退屈とテクノロジーがどのように「結託している」かということだ。どちらも、みずからの目的のために相手と協力しているのである。退屈が私たちをテクノロジーの腕のなかへ押しやるのは、私たちがテクノロジーを慈しみ、新鮮で、よりよい形の気晴らしを開発しようと、絶えざる努力を続けるからである。一方で、テクノロジーが結局、私たちを満足させないのは、確実に退屈を持続させるためである。

テクノロジーが私たちに与えるのは、一見、魅力的に見えて結局は空疎な没頭や結びつきだ。それは、テクノロジーが私たちを退屈した状態に置いて、救済策と称するものを求めさせるために行う、退屈との「裏取引」である。だが、私たちは、それ以外にも同じような裏取引があると考えている。ティーレによれば、テクノロジーの大きな問題点は、テクノロジーが私たちの世界観を変え、その過程で私たちを退屈させるように仕向けたことである。この問題を考えるときの私たちの技術的世界観は、主に「機能の効率性」に、つまり「これの有用な点は何か」とか、「それはどのくらいの性能があるか」ということに価値を置いている。ティーレによれば、この技術的世界観が、テクノロジーのエンドユーザーである私たちと時間との関係を変えた。私たちが、ただ「時間のなかに住んでいる」のをやめ、時間を支配し管理するようになったのは、能率と生産性を向上させるためだ。果たして、時間は解決すべき問題になり、ひとたび私たちの世界観が変わると、空いている時間は非効率的で、非生産的で、結局、退屈なものになる。そして、空いている時間を埋めると、別の悪循環が生まれるのである。空いている時間は満たさなければならないが、何で満たしてもよいわけではない。そのために、テクノロジーは、ティーレが「新奇さのルーチン化」と呼ぶものをもたらした。私たちは、常にイノベーションを起こし、新奇さを追求する必要に迫られているが、新鮮で興味を引くものの構成要素のレベルは、常に上がり続けるのだ。昨日、没頭できたものが、今日は満足を与えてくれなくなり、最終的には、ハムスターがえんえんと滑車を回し続けるように、永遠に新奇さを追い求め続けることになる。提供されるものに対して、やがて無感覚になり、退屈するのが、私たちの特性である。

私たちの自己像を変えて、退屈傾向を強めたのも、現代において支配的となっている技術的世界観である。おそらく、人類にとって最も破滅的な転換は、意味の創造者から、受動的な経験の消費者に変わったことだろう。結果として、私たちは意味の主体的な源泉ではなく、満たされるべき容器になった(第7章参照)。もし、私たちが、多彩で魅力的な経験(あるいは少なくとも新しいミーム[*3]の絶え間ない流れ)で満たされるような存在であるなら、空っぽになる可能性もある。私たちは、ただ退屈に追いつかれまいとして、かつてない大量消費へと駆り立てられている。意味づけする存在という自己認識が小さくなればなるほど、主体でいるための私たちの能力は衰退していく。ドイツの社会学者ゲオルク・ジンメルは、20世紀が始まるときに、テクノロジーに囲まれているのは、「自分の力で泳ぐ必要がほとんどない……流れのなかに」いるようなものだと言った。私たちは、速い流れに絶えず運ばれているうちに、自分の力で泳ぐ方法を忘れてしまう。何が本当に重要なのか問うのをやめ、内なる欲求に耳を傾けなくなる。別の観点からいうと、私たちの注意を捉えて維持する能力において、テクノロジーに匹敵するものはないのである。一方、私たちが自分の意志で注意をコントロールする能力は、使われないために衰えていくだろう。

＊3　ある脳から別の脳へと複製可能な文化的遺伝子。動物行動学者、進化生物学者であるリチャード・ドーキンスによって提案された。習慣や技能、物語といった社会的、文化的な情報に関わると考えられている。

iPhone世代と「つながりのない」つながり

インターネットを利用しているとき、私たちは確かに「つながって」いるが、それは満足できる形のつながりではない。エルハイの研究によれば、重要なのはデバイスの使い方であり、それを使えないときに人がどう感じるかである。突き詰めれば、問題が起きるのは、私たちとテクノロジーのつながりが、現実の社会的交流の代わりをしているときなのだ。

サンディエゴ州立大学の社会心理学者ジーン・トウェンギは、現在のティーンエージャーを「iPhone世代」と呼んで、彼らが完全にオンライン化された世界に生まれてきた最初の世代だという事実を強調している。トウェンギは、iPhone世代が、それまでの世代と比べて、友だちと過ごす時間が少なく、スマートフォンに費やす時間が多いことを示した。それには当然、結果がともなう。友だちやスポーツにより多くの時間を使うティーンエージャーと比べて、インターネットにより多くの時間を費やし、ゲームをしたりSNSに深く関わったりしているティーンエージャーは、幸福度が低いと報告されている。彼らはネットにつながっているが、人々とのつながりは断たれているのだ。ＳＮＳの使い方に関する最近の研究のなかには、フェイスブックをたった2週間やめるだけでも、幸福感が上昇すると指摘するものもある。

インターネットは一種の「まやかしのつながり」、あるいは「つながりのないつながり」だという、別の角度からの指摘もある。これは、人々がインターネットを利用しているときの行動をつぶさに観察することから得られた知見だ。ある研究は、ウェブカメラを使ってネットユーザーの行動を観察したところ、平均して19秒に一回、していることを変えたと報告している。もしあなたが、していることを1分間に3回変えていたとしたら、その作業に没頭していると思えるだろうか。不意に通知がポップアップし、注意すべきことが起きる可能性が途切れなく続く状況は、私たちを注意散漫にし、精神的に消耗させる。その結果、長時間一つのことに深くつながれなくなる。気が散って、目前の作業に没頭できなくなると、退屈に圧倒されるまでたいして時間はかからない。

おそらく、究極のつながりのないつながりは、インターネットポルノでのつながりだろう。インターネットポルノは、間違いなく最大のインターネット帯域幅を占めている。日常的にインターネットポルノに向かう人々は、性的退屈と呼ばれてきたものに悩んでいるかもしれない。女性よりも男性によく見られる性的退屈は、刺激欲求（この場合はスリル系のもの）あるいは、日常では出合わないものへの欲求に関係している。また、性的退屈が性的人間関係がうまくいっていないことと関連するのは明らかだが、個人の特性としての退屈傾向や、一人での性的行為やインターネットポルノの視聴が社会に広く行きわたっている状況とも関係がある。ここでも、不健康な強化のサイクルが働いている可能性がある。現実の生活で性的欲求を満たせないので、インターネットに向かう。そこで一時的に欲求を満足させられるが、結局、自分が求めている本当のつながりは得られない。だからといって現実世界に戻ってきても、やはり不満は解消されず、簡単にアクセスできる多彩な刺激に、つまりインターネットポルノに戻ってしまうのである。このサイクルも、退屈というシグナル自体は悪ではないという、私たちの主張を裏づけている。さまざまな種類の没頭のしかたと、それに付随する問題に誘導するのは、退屈に対する私たちの反応なのである。意味のないつながり、深みのない感覚、脈絡のない情報、こうしたものでは決して退屈を取り除けない。

インターネットによって増大する強迫観念の共通点は、孤立である。第6章では、極限の地（外宇宙や南極など）の探検に自分の意志で旅立った場合も、法体系による刑罰の一環として強制された場合も含めて、環境的孤立について論じた。ここで述べる孤立は、もっと社会的な種類のものだ。「他者と関わりたい」という欲求が満たされないとき、人はいつわりの万能薬に手を出す可能性がある。それがインターネットであり、SNSである。確かに、インターネットの利用に途方もないメリットがあるのは疑いようがない。インターネットがあれば、遠く離れて暮らす家族が交流でき、国境を越えた業務提携を成功させ、圧制的な政府の取り締まりよりも速く情報を拡散できる。これらもろもろのことは、社会全体や多くの個人にとって明らかに有益である。しかし、なかには、インターネットでのつながりが、その人がもっているつながりのすべてである人もいるだろう。これが、インターネットや、もっと焦点を絞ればSNSが抱える問題である。十中八九、これは古くからある問題が新たな衣をまとったものだ。一部の人がインターネットのまやかしのつながりに向かうのは、実世界から切り離されていることへの不健康な反応であり、退屈はそれに対する警告だというのが私たちの主張である。

私たちが提案している「まやかしのつながり仮説」の簡単な裏づけとして、Googleのデータベースで、フェイスブックが創業した2004年以降に使われた検索語の頻度を調べてみた。「退屈している」または「退屈」という語を含む検索の数は、実際に減少しつつあることがわかる。一方、「落ち込んでいる」という語を含む検索は増加傾向にある（図8・1）。人々は時間の使いみちが十分にあると感じているかもしれないが、時間を満たすものが、人の心に深い満足を与えるかどうかは別問題なのである。

退屈と孤独は人を選ばないという真実

皮肉なことだが、インターネットやSNSが特に得意としているような「つながりのないつながり」は、結局、人によっては社会的孤立をいっそう深める可能性がある。私たちはかつてないほど他者とつながっているように感じているかもしれないが、スナップチャット[*4]に費やす時間は、真の個人的な交流から奪った時間である。2018年の

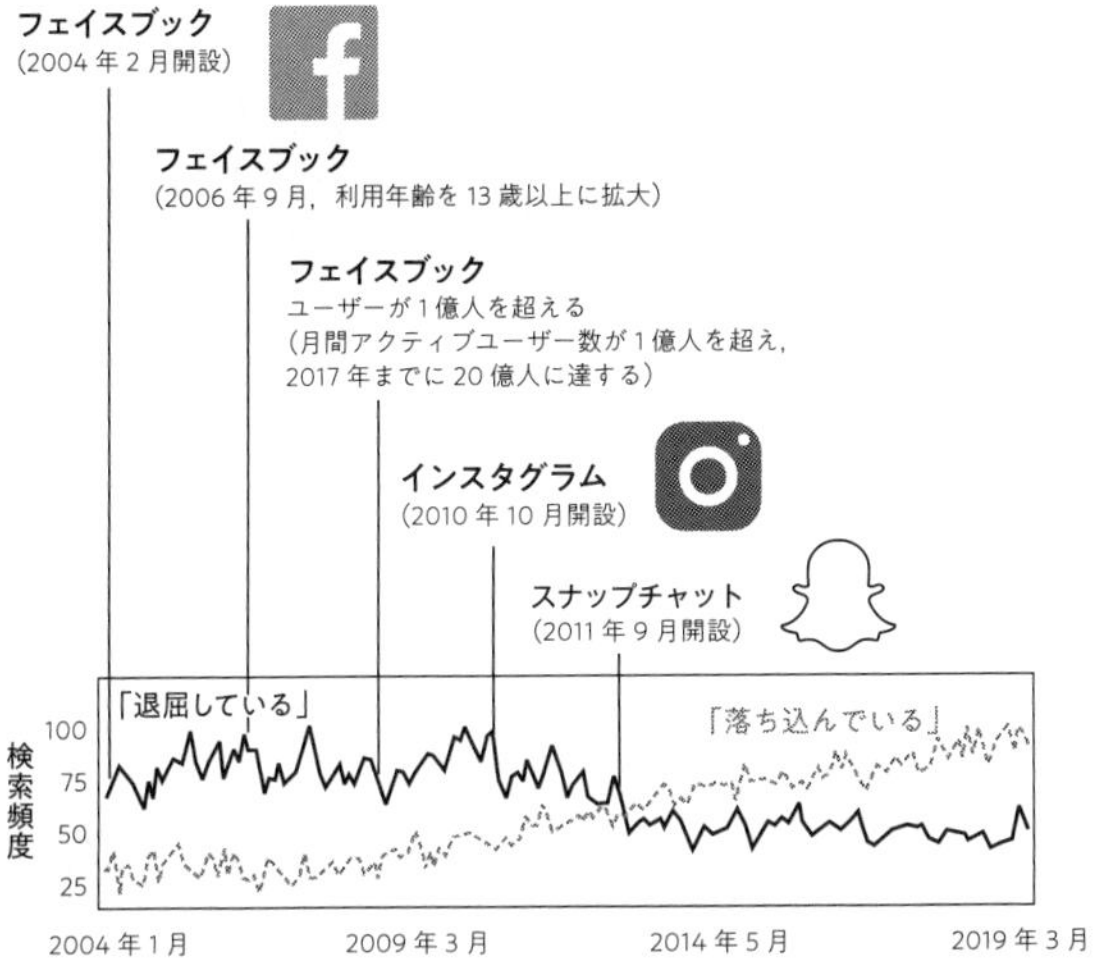

図8.1　このグラフは、2004年以降のGoogleにおける二つの語の検索頻度を示している。各SNSプラットフォームの登場時期と影響がわかる。

初め、当時のイギリス首相テリーザ・メイは、政府が「孤独担当相」を設置すると発表した。孤独を研究する特別委員会は、人口の14%近くに相当する約900万人のイギリス人が頻繁に、あるいはほとんどの時間に孤独を感じていると示唆した。新任の大臣

＊4　2011年にスタンフォード大学の教員や学生によって作られたスマートフォン向けの写真共有アプリケーション。37カ国語に対応し、2020年時点で2億6500万人/日の利用者がいるとされる。

は、孤独感のレベルの上昇に代表される公衆衛生の危機に対処するための政策を立案する責任を負っていた。アメリカのある研究では、孤独は退屈と同種のものだと指摘されている。

メイ首相の発表(と、それを受けた深夜番組の司会者のジョーク)に関連して、メディアの注目は、主に高齢者に、つまり孤独と退屈が結びついた層に集まったが、問題は高齢者にとどまらなかった。イギリスの下院議員だったジョー・コックス[*5]は、かつて「孤独は人を選ばない」と言った。彼女の死後に設立された財団は、イギリスで最初の孤独に関する研究を発表している。退屈も人を選ばないのだ。自分の居場所を必死で探しているティーンエージャー、睡眠不足に苦しみながら、新たな現実に慣れようとしている若い親たち、苦悩や障害で心を病み、社会とのつながりを失った人々、高齢者と、一般の人よりも多くの負担を強いられる介護者たち。こうした人々の社会的孤立や、退屈と一体となった孤独や不安、そして抑うつは、いつだれを襲ってもおかしくないのだ。

孤独と退屈の共通点は、どちらも、世界への没頭を喪失した状態の表れであることだ。退屈した状態は一つのシグナルで、その人は精神的に満たされる必要があり、スキルや才能を発揮できる活動に取り組む必要があることを、本人に知らせているのだと、私たちは主張してきた。精神的な満足を求める先は、一般的に、仲間との社会的交流である。実際、経験サンプリング法を使った最近のある研究は、人間は、人と直接会う活動に関わっているときに最も退屈レベルが下がると示唆している。一部の人々は、退屈や孤独に対する反応として、SNSにうつつをぬかしてしまう。だが、それは、いっときだけ退屈の不快感を紛らわす、かりそめのつながりであり、結局、他者とのあいだに意味のある関係を築けない。さらに悪いことに、「社会に関わりたい」という欲求を十分に満たせなければ、長い目で見て、退屈を永続化する可能性すらある。

私たちは、この章の冒頭で、多様性が大きすぎると、周囲のノイズから信号を取り出せなくなって退屈が生じる、という考えを示し、人類は今、ひたすら増え続ける情報の

＊5　イギリスの政治家（1974〜2016）。下院議員だった2016年、イギリスのEU残留を支持していたが、離脱の是非を問う国民投票の1週間前に離脱派の男性に銃撃され死亡した。

猛攻撃にさらされていると指摘した。さらに、一般的に、インターネットやスマートフォン、SNS、テクノロジーが退屈と孤独を生む、さまざまな過程を紹介した。また、退屈とテクノロジーが共謀して、人を悪循環のなかに閉じ込める手法のあらましを述べた。留意してほしいのは、これらの考えはまだ推測にすぎないということだ。こうした主張を裏づける決定的な調査研究は、まだ行われていない。だが、退屈にともなう不快感を緩和するための、安易なはけ口に引きつけられたままでいると、気づかないうちに本当に必要なつながりが見つけにくくなってしまうだろう。退屈するのはよいことだと主張するのは無理かもしれない。しかし、少なくとも、退屈がもつ可能性を忘れず、生産的に退屈に反応する方法を学ぶことは大きな意味があると、本書によって確信してもらえたらと願っている。

退屈はよいものでも悪いものでもない。退屈は、その経験を軽くするために私たちが何をすべきかをわざわざ決めてくれたりはしない。だが、自分が退屈していると気づく処理能力がなければ、私たちは、心的に没頭できない不適応な状態が続いたり、インターネットへの依存度が増しても自分は大丈夫と信じ込もうとしたりするリスクにさらされる。常に存在する気晴らしに向き合うときに大事なのは、手軽で安易な心的な没頭の誘惑に抗うことである。その誘惑は精神的なジャンクフードであり、結局、私たちの心を満たせずに、際限なく退屈に連れ戻すのだ。私たちは、「精神のすべてを傾けて没頭したい」という欲求を満たしてくれる、退屈に対する真の解決策を追求する必要がある。

第9章

至高の〝フロー体験〟

・・・

完成すれば世界で最も高いビルになる予定だ。常に空へ空へと伸びてきた街で、ワールドトレードセンターのツインタワーは、ほかのビル群から飛び抜けた存在になろうとしていた。フィリップ・プティは、フランスでそのビルに関する雑誌の記事を読んだときから夢を抱いていた。2棟のタワーのあいだにワイヤーを張って、その上を渡り、下にいる人々を驚かせようと考えたのだ。彼の得意技である。

プティは準備に6年をかけた。建設中のタワーで警備員の動きを確かめ、航空写真を手に入れ、ワイヤーを固定する場所を探し、リハーサルとして、細かな点までチェックしながら、こっそりと屋上まで上がった。タワーのミニチュア版までつくって潜在的な問題点をあぶり出した。そして、地上数メートルのところに張ったロープの上を歩く練習をえんえんと行って、ニューヨークの喧騒《けんそう》のはるか400m上空で同じことをするのに備えた。

綱渡りの時間は45分の予定だ。単にワイヤーを渡る一方通行の散歩ではない。プティは61ｍの距離を４往復歩くことにした。26ｍのバランスポールを持って交互に片足を浮かせ、ワイヤーの上に寝そべって、集まった群衆に手を振るのだ。

プティには死の願望があったのだろうか。それとも、スリルを追い求めていたのだろうか。とんでもない。彼は、さまざまな機会に、ワイヤーの上には恐怖が存在する余地がないと断言していた。ワイヤーが死の象徴であることを認めてはいたが、彼が求めていたのは死ではなく生だった。死の願望がなく、綱渡りが通常の意味でのスリルを感じさせないなら、なぜ彼はあんな大胆なことをしようとしたのだろう。技をきわめたいという欲求はあっただろうが、同時に、極度のフロー（288ページ参照）感覚を経験するためだったのではないだろうか。おそらく彼は、異常なまでに精神が集中し、気を散らすものをまったく寄せつけず（かつてプティは、「ワイヤーの上にいるときに木の板で頭を殴られても、微動だにしないだろう」と言っていた）、自分の行動が世界と一つになったと感じられる状態を求めていたのだ。

・・・

傑出した登山家、アレックス・オノルドは「フリーソロ」と呼ばれる分野のエキスパートだ。フリーソロというのは、ヨセミテ国立公園にある900mを超える切り立った花崗岩《かこうがん》の岩山、エル・キャピタンのような場所を、ロープの助けを一切借りずに登るロッククライミングである。プティの綱渡りと同様に、多くの人は、オノルドの登山を狂気のなせるわざか、さもなければ死への願望の表れだと思うだろう。しかし、二人とも自分の経験をそんなふうには語っていない。計画を何よりも重視し、恐怖が入り込む余地がなく、死への願望とは無縁な活動によって、彼らは、それまで経験したことのない鮮烈な生の感覚を得るのだ。ある意味で、オノルドやプティの挑戦は、世界へのきわめて濃密な没頭を達成できたときに、初めて成功したといえるのである。

退屈は、没頭できないことから生じる手もち無沙汰な気持ちである、という私たちの説明を前提にすれば、オノルドが懸命に得ようとしているのは、退屈とは逆の種類のものだ。だが、退屈の反対にあるのは、極度の没頭、つまり、深く密度の濃い集中だけだろうか。それとも、ほかにもあるのだろうか。退屈の反対概念をなんらかの形で表す状態や気持ちを検証すれば、退屈に対する理解が深まり、最終的には、そのシグナルが現れたときに有効な対応をする準備ができるはずだ。

退屈の反対概念となる可能性があるものは数多くある。真っ先に挙げられるのは「興奮」だろう。ジェットコースターに乗ったときのスリルや、プレーオフで応援するチームの優勝が迫ってきたときの期待感、舞台袖で自分の出番を待っている瞬間を思い浮かべてほしい。ちょっと基準を下げると、たぶん「興味」が退屈の反対概念になる。小説に夢中になったり、複雑に入り組んだ映画のプロットに引き込まれたり、１０００ピースのパズルに没頭したときのことを思い出してみよう。「喜び」はあてはまらないだろうか。四品からなるコース料理や、気分が盛り上がるコンサート、一夜の燃え上がるようなセックスはどうだろう。喜びではないとしたら、「リラクゼーション」はあてはまるだろうか。プールサイドの椅子でくつろいだり、春の日の午後に公園を散歩したり、忙しかった一日の終わりにテレビの前でだらだらと過ごしたりするのはどうだろう。これらのなかに退屈の反対概念に該当するものがあるだろうか。即答するならば、ある。こ興奮、喜び、興味、好奇心、そしてリラクゼーションにも共通するのは、それらを感じたとき、私たちは心が満たされ、今していることをそのまま続けたいということである。満足できる形で世界に没頭しているのだ。

次の項では、退屈の反対概念になる可能性があるもののいくつかについて、没頭という観点から掘り下げてみたい。最初に取り上げるのは最も有力な候補だ。オノルドやプティはきっと底知れぬ恐怖と闘っているに違いないと私たちが推測したときに、彼らが実際に感じていたもの、すなわち、「フロー体験」である。

人々の心を最も満たす「フロー体験」とは

ほぼ50年前、ミハイ・チクセントミハイは、人間が幸福を感じる「方法」を扱う新たな理論と方法論の研究を始めた。退屈と同様、私たちを幸福にするものは最終的に個人によって異なる。コレクターは、自分が情熱を傾ける対象を何時間も陶然と眺めていられる。ほかの人が価値を理解できなかったり、考えるのも嫌がったりするものを丹念に見ては、満足するのだ。重要なのは、していることの「中身」よりも、対象とのつながり方である。これはチクセントミハイの慧眼《けいがん》だった。彼が導入した方法論は「経験サンプリング」と呼ばれている。日記（今ではスマートフォンが入力を促す）、直接のインタビュー、最近では、被験者にその場の作業を中断して回答してもらうなどの方法で、チクセントミハイは人々に日々の主観的経験について質問した。オノルドのようなロッククライマーから、工場労働者や外科医、舞台芸術家に至るまで、回答からわかることは明確だった。人々が最も満たされるのは、何かに没頭して、それ以外の世界がなくなったように思えるときだった。チクセントミハイの調査に協力した人々は、その現象をしばしば「フロー」と呼んだ。

人々はフロー体験を常にまったく同じように捉えるわけではないが、研究者たちは、フローに必要な特性について共通認識をもっている。

- 難題を克服できるスキルや能力がある
- 状況をコントロールしている強い感覚がある

- 明確な目標があり、前進を感じ取れる手応えがある
- 注意が対象に集中している
- われを忘れるほど、今していることに意識が緊密に結びついている
- 何をしていても頑張っているとは感じない
- 今の行動はそれ自体が目的であり、内在的な動機に突き動かされている
- 時間感覚がゆがんでくる

このなかには、明らかにフローの前提条件となるものがあるが、フローを達成した結果と考えられるものもある。いずれにせよ、これらはすべてフロー体験の重要な側面であり、存在すれば、私たちを退屈から守ってくれる。

フローが起きるための重要な前提条件は、その瞬間に私たちが要求されるものと、それらに巧みに応える能力のバランスがとれていることである(すでに説明したもう一つの「ゴルディロックス」の必要条件とよく似ている)。チクセントミハイによれば、フローが起こるのはスイートスポットにヒットしたときであり、その瞬間、私たちは状況

と調和する。もしスイートスポットからずれて、自分には作業が求めるものに応える能力がないとわかったら、私たちは不安になる。逆方向にスイートスポットをはずれて、作業が自分のスキルに比して容易すぎると、私たちは退屈する。退屈は、もっと難易度の高い課題へと私たちを駆り立て、不安は、スキルを拡張する必要性を警告する。これらのネガティブな気持ちがせめぎ合って、私たちをフローへと向かわせるのだ。

近所のジムでできる難易度５・４などの低グレードのクライミングは、アレックス・オノルドのようなスキルのある人にとっては簡単すぎる。ウォーミングアップの効果すらないだろう。そういう人は、いきなり５・９とか５・10の（初心者にとっては冒険だが、エキスパートにはウォーミングアップにすぎない）グレードから始めるはずだ。一方、初心者の立場になって考えると、５・９のクライミングは、ウォーミングアップどころか、克服できない難題だろう。どちらの状況においても、個人のスキルと作業が求めるもののあいだに、明らかなミスマッチがある。私たちが自分の限界を押し広げ、退屈から逃れてフローに向かうためには、難易度と自分のスキルとの釣り合いが「ちょうどよい」ゴルディロックスゾーンを探す必要がある。

この必要性に関連して、第2章で紹介した実験を覚えているだろうか。退屈を避けるためには課題とスキルを適合させる必要があることを実証する実験だ。実験では、被験者を必ずじゃんけんに勝たせるようにして、手応えをなくした。すると、ゴルディロックスゾーンを遠くはずれたために、被験者はじゃんけんを退屈きわまりないものに感じたのだ。だが、前にも説明したとおり、話はこれで終わりではない。対戦相手のコンピューターに負け続けた人々も、最初はフラストレーションを感じていたが、やがて退屈した。

やはり第2章で最初に取り上げたもう一つの研究では、二つのグループに分けた被験者に、内容の異なる20分の動画を観てもらった。一方の動画では、滑稽なパントマイム役者が初歩的な英語の語彙を教えるという体裁で、単語を一語一語ゆっくりと繰り返した。もう一方の動画では、数学者が、とてつもなく複雑な数式や図を使って、高度なコンピューターグラフィックスを教えた。どちらの動画を観た被験者も、最後には、目を突いたほうがましだと言わんばかりに退屈した。人間は、手応えがないときも、まったく歯が立たないときも、同じように退屈する。チクセントミハイのフローモデルに反して、退屈が生まれるのは、手応えがない場合だけではないのだ。退屈は、課題とスキルのミスマッチの両端で、つまり、やさしすぎるか難しすぎるときに生じるのである。この事実は、教育の世界では以前から知られていた。ルートヴィヒ・マクシミリアン大学ミュンヘンのリサーチチェア（研究教授）ラインハルト・ペクランによれば、学習課題が生徒の能力をはるかに超えると、生徒は課題への没頭を失い、課題への注意を維持できなくなるため、それを退屈だと感じる。

フローを実現するための第二の条件は、「状況をコントロールしている」という感覚である。もう一度、アレックス・オノルドが断崖をフリーソロで登っているところを想像してほしい。さぞかし怖いことだと思うだろう。しかし、私たちが想像する恐怖感は、「あんな状況に置かれるのは絶対に耐えられない」という自分の感覚から生じている。オノルドにとってはまったく逆なのだ。確かに、地上数百メートルのところに指先だけでぶら下がっているときは、墜落死する可能性と背中合わせにいる。だが、オノルドは、ロッククライミングの最中に、危険が迫っているとは感じない。彼が感じるのは、すべての動きが入念に計画されていることであり、自分が自分の行動をコントロールしているということだ。オノルドにとっては、それこそがロッククライミングの醍醐味であり、あらがいがたい魅力なのである。私たちは、フローの状態に入ると、どんな不測の事態にも対応できると感じられ、あらゆる瞬間に、次に起こることを決めるのは、自分だと思えるのだ。言い換えれば、それを至高体験へと変える鍵となる、心の底からの主体感を感じるのである。

それと対照的に、退屈は私たちの主体感を阻害する。私たちは退屈すると、自分が状況をコントロールしているという感覚が弱くなる。世界はたまたまそこにあるのであり、私たちにはそれを変えることができない。第2章で見たように、退屈は、私たちが何かを始める前に打ちのめし、何をしたいかも言えないようにしておいて、すべきことを押しつけるのだ。フローの特徴が至高の主体感ならば、退屈はまさに谷底である。

じゃんけんの研究の追跡調査として、私たちは別の形で被験者をあざむく実験を行った。今回は、三つの手を同じ頻度で出すコンピューターを相手にプレーしてもらった。被験者の勝率は33％しかないということだ。被験者を二つのグループに分け、一つのグループには事実を話した。つまり、「相手は毎回、無作為に決められた手を出すので、

3分の1を超える確率で勝つ可能性はない」と伝えたのだ。ゲームをコントロールするすべがないために、このグループにとってゲームは単調で退屈なものになった。もう一つのグループには嘘をつき、「相手の戦略には抜け穴があるので、それを見つければ勝率が上がる」と伝えた。こちらのグループは、勝率が33％を超えなかったにもかかわらず、まったく退屈しなかった。状況をコントロールできる可能性をわずかでも感じられれば、それが実現しなくても、退屈を避けるのに十分なのである。

すでに言及したように、オノルドがフリーソロクライミングに成功するために必要なのは、細部に至るまで綿密な計画を立てることである。プティが、ツインタワーのあいだを綱渡りする計画を立てるのに何年もかけたのと同じだ。ロッククライミングはオノルドの限界を広げるはずだが、それと同時に、その一つひとつの動きが、予測でき、リハーサルされるように計画されなければならない。現場で求められるのは、適切な動きである。体が覚えているので、適切な動きをしようと自分に言い聞かせる必要もない。そして、自分の体と岩からの手応えを感じ取り、次の動きを準備するのだ。フローが起きるためには、状況に必要なものが予測でき、成功が手の届くところになければならない。成功が「ストレッチ目標[*1]」でなければ、スキルと課題との微妙なバランスが失われてしまう。オノルドは、簡単すぎるクライミングではフロー状態に入らない。私たちが最初に行ったじゃんけんの研究からわかるように、完全にコントロールできる状態は退屈なものだ。成果が100%保証されるなら、私たちが成功に貢献する余地がなくなってしまう。制御状況の両極端にある退屈とフローは、主体感のレベルによってまったく異なる影響を受ける。主体感が増加すると、退屈は減り、フローは増える。反対に、すべてが予測可能で、成果が保証されるならば、私たちは蚊帳《かや》の外に置かれ、没頭を失うだろう。

フローを起こすためには、明確な目標と曖昧さのない手応えが必要だ。自分が何を達成したいのかがはっきりしないときや、自分が目標からどれほど離れているかがわからないときは、フローは決して起こらない。退屈を避けるためには、目標を具体的に示すか、せめて現実的な選択肢のなかから、追求したい目標を選ばなければならない。ぐずぐずと先のばしにするのは、目標を決めることの難しさを端的に表す兆候であり、退屈したときの「身動きがとれない」気持ちの原因かもしれない。実際、退屈を経験しやすい人は、優柔不断な傾向が強い場合が多い。退屈傾向のある人は、特に「あきらめるように自分に言い聞かせる」タイプと呼ぶのがふさわしい優柔不断と深く結びついている。何かをするかどうかを決めるときに、決断できないタイプの優柔不断である。退屈に対する強い嫌悪感の中心に、没頭したいという欲求と、出だしのつまずきが共存しているのだ。フローには明確に描かれた目標が欠かせないという事実は、どうすれば適切な目標設定ができるか、なぜ退屈しているときは物事がうまくいかないのか、という疑問に答えてはくれない。だからといって、退屈を避けるためには、明確な手応えをともなう目標指向の活動に没頭しなければならないわけではない。夢想がよい例だ。夢想には間違いなく具体的な目標はないし、どんな形の手応えもないが、夢中になれる。

気が散ってしまうとフローは消滅する。オノルドやプティにとっては、集中がほんのわずかでも途切れると命取りになる。日常的な作業でのちょっとした失敗（シリアルにオレンジジュースをかけてしまうとか）でも、研究室での作業ミスでも、退屈に集中力

＊1　通常に達成できるものより少し高めに設定された目標のこと。

の欠如がともなうことは、数々の研究によって示されてきた。では、集中を必要とせず、それでも退屈を遠ざけられる状態はないのだろうか。言い換えれば、退屈を避けるためには集中が必須なのだろうか。ビーチでくつろぐために、集中はほとんど必要ないように思える。それに、多くの人はそれを退屈だと言わないだろう。だが、同じく、太陽の光と砂に囲まれてリラックスしようとしてみるものの、気持ちが落ち着かず、何かほかのことをしたいと思っている状態も記憶にあるだろう。リラクゼーションが退屈に変わったのだ。だから、フローには集中が欠かせないし、退屈の経験には注意や集中力の欠如がつきものだとはいえるが、集中力の欠如が必ず退屈につながるとは限らない。私たちの心は満たされなければならないが、退屈を回避するために、行動からミスを取り除くことに真剣に集中する必要はないのだ。

フロー状態では、あらゆる自己意識が消える。この意味で、フローは不安の反対概念に近い。強調しておくが、不安は、脅威に直面したときの自分自身への懸念の表れである。それは、脅威が現実のものでも、自分が脅威だと認識したものでも変わりはない。現下の活動に没頭し、気が散る余地が微塵《みじん》もないとき、日常的な恐怖や懸念は背後に退くのだ。ここでもまた、ロッククライマーがよい例になる。多くの人々が恐怖しか感じない挑戦にクライマーたちを何度も引き戻すのは、スリルの追求や死への傾倒とは無縁のものだ、それは、ロッククライミングにともなう、完全な静謐《せいひつ》の感覚である。実際、チクセントミハイの調査に応じた人々は、自分たちはフローの感覚を追い求めていて、ひとたびフローの状態に入ると、恐怖や不安をまったく感じないと強調している。オノルドは「困難なルートを登っているときは、たいがい、恐怖はどこかに消えている」と語っている。それと対照的に、退屈は自己意識と深く結びついている。退屈している人は、何かの活動のなかで、われを忘れることはないという痛切な自覚をもっている。「自己の焦点化（セルフ・フォーカス）」という点で、退屈は、まさにフローの正反対なのだ。同様のパターンは頻繁に退屈する人々にも見られ、自己の焦点化や不安、神経症的傾向と強く結びついている。この観点から見ると、退屈とフローは、自己の焦点化の両極端を表しているといえる。

チクセントミハイは膨大な聞き取り調査を行っているが、特にロッククライミングなどのエクストリームスポーツを含む調査結果から、フローが生じるためには、没頭していることが何であれ、容易なものと感じられなければならないと指摘している。これは、複雑な身体的、精神的スキルが必要ないという意味ではなく、こうしたスキルを円滑かつ流麗《りゅうれい》につないでいく能力が必要だという意味だ。オノルドがフリーソロでエル・キャピタンの初登頂に成功するのを見た人は、だれも、きわめて高い身体的、精神的なスキルが必要だったことを疑わないだろう。オノルド自身は「登っているときは何も考えてないが、それが魅力の一つなんだ」と言っている。当然、手や足の置き場は正確でなければならないし、そのためには入念な準備やスキル、練習が必要だ。だが、実行するときには、なんの努力も要らないように感じられるのである。

　オノルドにとっては、ロッククライミングはそれ自体が報酬なのだ。クライミングの世界のスターであれば、もちろんほかの利益も付いてくるが、彼がそのために登っているとは考えられない。フローを経験するという幸運に恵まれた人は、本質的にやりがいのある活動を見つけた人たちだ。人々がそうした活動を追求するのは、完全に没入し、最適な手応えを感じることがもたらす純粋な喜びや、やりがいのためである。ここでもまた、フローは退屈の反対概念になる。退屈すると、私たちは、したいことをまったく見つけられなくなる。ただそれ自体のためにやりたいと思うことがないのはいうまでもない。本質的にやりがいのある活動は、容易に私たちの注意をとらえて放さないので、私たちは、それをしようと自分に強いる必要がない。本質的にやりがいのある活動と退屈は、水と油のようなものだ。決して混ざり合わないのである。

フローの最後の構成要素は、時間のゆがみである。チクセントミハイによれば、これは通常、時間の圧縮として表れ、数時間が数分で過ぎるように感じられるが、いつもそうだとは限らない。細部に、つまり、一つの体験の今ここに注意を集中していると、時間が静止しているように思えることもある。

どちらの場合でも、フロー状態にある人は、時間から解き放たれたように感じる。フローにともなう時間のゆがみは、圧縮においても拡張においても、集中の強さと結びついている。この集中こそが、フロー状態の喜びの中核をなすものだ。それと対照的なのが、時間がのろのろと進む退屈である。いつも引き合いに出す、運転免許センターのシーンを思い出してほしい。無為に時間をつぶしながら自分の番号が呼ばれるのを待っている状況である。氷河が動くような速度で進む時間は退屈の構成要素であり、長期にわたって退屈を経験している人に顕著な特徴である。退屈したときに時間の進み方が緩慢になるのは、精神的に没頭していないからであり、のろのろとした時間の進行は、退屈が非常に不快に感じられる主要な理由の一つである。

表9・1からは、多くの指標において、退屈とフローが、二つの状態を表現する連続体の両端を占めていることがわかる。しかし、フローが退屈の対極だからといって、退屈を避けるためにはフロー状態に入らなければならないわけではない。フローは、きわめて濃密な没頭を表しているが、ただ退屈を避けるのに、そこまで強い没頭は必要ないだろう。退屈の対極としてのフローについて重要なのは、体験の強度ではなく、世界にうまく没頭し、スキルや才能を活用していることである。

では、フローが退屈から解放される唯一の道でないならば、ほかにはどんなものがあるのだろうか。

表9.1　フローと退屈

	フロー	退屈
スキルと課題のバランス	ちょうどよい	やさしすぎる／難しすぎる
コントロール	最適ゾーン	過剰／不足
目標設定	明確な具体的目標	出だしのつまずき
集中	極度の集中	注意散漫
自己意識	自己消失	自己の焦点化
努力	努力は不要	努力が必要
動機づけ	人間固有	効果なし
時間	ゆがんでいる（圧縮あるいは拡張）	緩慢に進む

フローを超えて

当然だが、何かに興味をもつということには、深い没頭が一貫して持続するという性質がともなう。そのため、興味は、退屈のもう一つの妥当な反対概念になる可能性がある。何かをしているときに興味を感じたら、同時に退屈しているといえないのは明らかだ。ここまでに述べてきたように、ある物事が私たちの欲求と合致せず、心を満たさないとき、それを退屈という。だが、なぜ一部の物事は興味を引くのだろう。特定のものや活動に、興味を引く性質がもともと備わっているのだろうか。これらの問いを追究すれば、どういう場合に興味が退屈の反対概念になり、どういう場合にならないのかを明らかにできる。

哲学者のダニエル・デネットは、なぜ人の興味を引くものがあるのかという問題を、彼がダーウィンの「論理の奇妙な逆転」と呼ぶものによって浮かび上がらせる。私たちの興味と没頭に関する考え方を組み立て直すのは、直観に反する主張である。ハチミツを例にとろう。常識で考えるのとは逆に、私たちはハチミツが甘いから好きなのではない、とデネットはいう。実は、私たちがハチミツを好きだからハチミツは甘いのだ、と彼は主張する。その論理はこうだ。ハチミツで重要なのはブドウ糖成分であり、デネットが指摘するように、ブドウ糖分子の分析を永遠に続けても、なぜそれが甘いかについてはわからない。だが、進化の歴史を振り返ると、私たちの祖先にとっては、エネルギー源のブドウ糖が得られる食物を見つけることが重要だった。彼らがブドウ糖の優れた供給源を見つけたとき、自分たちを生かし続けるというブドウ糖の重要な機能を強化するために、喜びと結びつけた。やがて、この意味での「ハチミツ好き」が、食の嗜好として甘みが好きだというように理解されるようになる。こうして、進化の力が、甘みに喜びを感じるように私たちをつくりあげたのである。言い換えれば、人間がハチミツを見つけたら必ず食べるようにする方策として、舌の上のブドウ糖分子の感触を楽しむようにしたのだ。

同じような論理の逆転は、かわいいもの、セクシーな人、滑稽なことにも見られる。赤ちゃんは固有の特性としてかわいいのではなく、私たちが赤ちゃんの世話をすることは適応的だから、そう知覚するのである。ある種の体形をセクシーだと感じるのは、その体形が子どもを産むのに適応しているからだ。冗談の思いがけないオチがおかしいのは、通常は、実効性があって論理的な問題を解決することに取り組むのが適応的だからである。デネットはこれを「デバッグの楽しみ」[*2]と呼んでいる。言い換えれば、論理の間違いを見つけることが有益なので、それを確実に維持するために、人は間違いを面白いと感じるようにできているのだ。甘さ、かわいさ、面白さといった好ましい性質は、

＊２　論理の誤りを見つけることは適応的に有効であることが、「デバッグ（プログラムなどにおける論理的誤りの発見と解消）」を楽しいものと感じさせること。論理的誤りにユーモアを感じる感性も、この適応的理由に基づいて成立することがデネットにより主張されている。

対象自体に内在するのではなく、進化のプロセスが、長い時間をかけて私たちの欲求を形成した結果である。この論理の逆転は一見奇妙に思えるが、ほとんど普遍的な高カロリー食品への欲求といった現象を考えるときには役に立つ。では、ダーウィンの論理の逆転は、トラフィックコーンに変わらぬ情熱を注ぐ人を、どう説明するのだろうか。

イギリスの「ダルメンズクラブ」[*3]の会員であるデビッド・モーガンは、世界最大のトラフィックコーンのコレクションをもっていることが誇りだ。（同好の士が）驚くことに、彼のコレクションには、スコットランドで使われていた貴重な1956年製のラバーコーンも含まれている。デビッドはその思い入れについて熱く語る。「実にさまざまな形や大きさ、色のものがあるんだ。そのうえ、常にモデルチェンジされている」。「日常的な、ありふれたもの」に喜びを見出すことで知られるダルメンズクラブは、最近、デビッドの趣味をたたえて自分たちのオリジナルカレンダーに取り上げた。デビッドや、カレンダーのほかの月を飾った人たち、たとえば「英国ラウンドアバウト（環状交差点）鑑賞協会」のケビン・ベレスフォードらの趣味は、なぜだか驚くほど魅力的だ。彼らの奇妙な興味を見ると、対象となる事物や活動に人の興味を引くものが内在しているのではないことがよくわかる。興味は、愛情と同じで、見る人の目のなかにあるのだ。だが、ある人はトラフィックコーンの収集に喜びを見出せるのに、別の人はニューヨークのツインタワーのあいだに張ったワイヤーの上を歩かなければならず、また別の人は９００ｍの断崖をロープなしで登る必要があるのは、いったいどうしてだろう。人間が抱くあまりにも多様な興味を、進化のプログラミングという観点から理解するのは、不可能とはいわないまでも難しい。人間の興味は千差万別だ。

しかし、ダーウィンの論理の逆転をトラフィックコーンのデビッド・モーガンに適用すると、「彼はトラフィックコーンが興味深いものだから興味をもつ」のではなく、「彼が興味をもつからトラフィックコーンが興味深いものになる」という論理になる。そう考えると、興味深さは結果であって原因ではないのだ。たぶん、デビッドは、ほかの人々と同じようにこの世に生まれ、甘い食べ物（ハチミツなど）が好きなはずだ。彼がトラフィックコーンに引きつけられるのが、同じ理屈で生得的なものだとは考えがた

＊3　「ダルメン（Dull Men）」は「つまらない男たち」の意。

い。では、進化のプロセスが、直接、彼の珍しい趣味を形成したのでないとすれば、何が彼の趣味を生んだのだろう。それは退屈だったのではないかと、私たちは考えている。

私たちは生物学的に、心的に没頭した状態を好むようにできている。その状態にあれば心が満たされ、逆であれば不快な気分になる。没頭しているときに快感を生じさせるのは、世界に没頭してスキルを獲得し、向上させれば適応性が高まるという事実である。そのため、心的な没頭への欲求が、私たちを没頭へと突き動かすのだ。ひとたび何かに没頭すれば、魔法が起きる。その物事への注意が、対象を興味深いものにするのである。日本の、聖泉大学の布井雅人と京都大学の吉川左紀子は、私たちが多くの注意をはらう物事は、はらう注意が少ない物事と比べて、より好まれることを示した。彼らは、被験者に抽象的な図形を見せ、二つの行動のどちらかをするように依頼した。ディスプレイ上の図形の位置を報告するか、その図形から何かを連想できるかを答えるという、二択である。たとえば、「その形はイヌに似ている」などと答えるわけだ。雲のなかになんらかの形を見つける課題のようなものである。被験者は、ある図形に対してはこの作業を1回しか行わず、ほかの図形に対しては5回行った。その後、実験者は、同じ図形を、被験者が見たことのない新しい抽象的な図形に混ぜて提示し、その図形がどれくらい好きかを被験者に評価してもらった。人間は新奇なものに引かれるので、初めて見る新しい図形に、ほかよりも高い評価をつけるだろうと予測できる。ところが、結果は違っていた。被験者が最も好んだのは複数回見た図形であり、しばしば連想をしていたものだった。

物事を興味深いものにする没頭した際の注意の力は、先行する一つの研究成果に、多くの点でつながっている。それは「単純接触効果」として知られるもので、１９６０年代に始まったロバート・ザイアンスによる先駆的研究から生まれた。単純接触効果とは、基本的になじみのあるものを好む傾向を指す。たとえば、初めて聴いた楽曲をひどい曲だと思っても、二回目に聴くと印象が改善し、初めて聴く曲よりも高い評価になることがある。私たちの脳は、親しんだ物事を好むように出来上がっているようだ。その説明としてたびたび引用されるのが「なじみがあるということであるなら、そいつに噛みつかれたことがあるわけではない」というロバート・ザイアンスの言葉である。

注目すべきなのは、なじみのあるものを好む傾向が持続することである。布井と吉川の研究では、被験者に抽象的図形を見せた6週間後にふたたび同じテストをしているが、被験者はやはり、多くの注意をはらって詳しく見たもののほうを好んだ。物事、特にトラフィックコーンのように、注意をはらう生物学的傾向が私たちに与えられていないものに焦点を当てるのは困難だ。だが、私たちが課題にうまく対処し、その物事に注意を向けることに専念できるなら、それはついには興味深いものになる。退屈が原因で、私たちがトラフィックコーンや、そのほかのものに興味をもつことはない。退屈がもっているのは、心的に没頭していない不快感から私たちを遠ざけようとする力だ。その力が働いたときに目の前にトラフィックコーンがあれば、私たちは、デビッド・モーガンのように、トラフィックコーンへの情熱を、終生、育てるかもしれない。その意味で、退屈は興味の前段階をなすメカニズムであり、心的に没頭する動機づけを私たちに与える。いったんなんらかの物事に没頭できれば、興味はみずから成長し、今度は私たちの没頭を深めて、維持するのである。

この話からわかるのは、どんなに地味な物事であっても、十分な注意を注ぎ、退屈に背中を押されたら、だれでも変わった（ほかの人にはつまらない）趣味をもつ可能性があるということである。退屈は興味の前段階のメカニズムであり、私たちを環境への没頭へ駆り立てるという我々の主張は、退屈と興味は機能が異なるという認識につながる。だが、退屈を感じることと、興味を感じることとの比較では、どうだろう。それらは反対概念だろうか。私たちは、違うと考えている。退屈は精神状態に関係していて、精神的に満たされていない状態を指している。一方、興味は、フライフィッシングやクラシック音楽、それこそトラフィックコーンでもいいが、私たちが夢中になる具体的なものに関係している。退屈は、内容も対象もない、漠然とした「没頭したい」という切望である。ただし、この二つは厳密な意味での反対概念ではないが、決して共存しない。興味を感じているときに、同時に退屈することはあり得ない。もっとはっきり言うと、退屈は単なる興味の欠如ではない。退屈には、没頭したいという持続的な欲求に加え、目前のものが心を満たすほどに興味深くないという感覚も含まれている。

　興味はフローと同じではない。何かに興味をもつことがフロー状態につながる可能性はあるが、必ずそうなるわけではない。一つの例として、客観的に見て不快なものに興味を引かれる状況が挙げられる。ホラー映画がそうだ。ホラー映画を観る体験がフローならば、当然、喜びを感じるはずだ。だが、ホラー映画に興味は引かれても、恐怖の瞬間は決して気持ちのよいものではない。

では、フローに必須の、状況をコントロールしている感覚や主体感はどうだろうか。ホラー映画の初めのほうでよく出てくる、ネコがカーテンの後ろから飛び出してくるシーンを思い浮かべてほしい。来るぞ、というのが予測できても、ドキッとしてしまう。サラウンドシステムと音響効果にまんまと乗せられて、たとえ引っかけだろうとわかっていても、驚かざるを得ないのだ。だから、私たちはホラー映画に興味を引かれるし、ストーリーに没頭できるのだが、厳密な意味での喜びは感じないし、フローを感じるように導かれもしない。私たちを世界と有効に結びつけ、退屈を退けられるのは、没頭する感覚なのである。

私たちが退屈の反対概念を探っているのは、退屈の不快感を最も効果的に解消するものを見つけるためである。その追究を続けるとすれば、興味だけではなく、好奇心も考慮に入れなければならない。「退屈の治療薬は好奇心だが、好奇心を治す薬はない」といわれてきた。だとすると、好奇心は退屈の反対概念の有力な候補になるし、好奇心を涵養《かんよう》すれば退屈を遠ざけられるかもしれない。第６章で触れたように、人類は常に自分たちを取り巻く世界に好奇心を抱き、好奇心を原動力として、極氷冠《きょくひょうかん》から宇宙空間に至るまで、生存が難しい領域を探検してきた。好奇心は、興味と同じように、環境に存在する物事へ引きつけられる気持ちである。私たちは、次の角を曲がったところに何があるかを知りたいと思う。そして、興味と同様に、一つのものに好奇心と退屈を同時に覚えることはあり得ない。その一方で、好奇心と退屈は類似した機能をもっている。どちらも、人を探求へと向かわせる動機づけのシグナルとして働く。

好奇心は私たちを特定の物事の探求へと駆り立て、退屈は心が満たされない漠然とした不快感に対処するように私たちを促し、興味は私たちが行動を起こしたあとに没頭を維持するように助ける。探求には多くの役割がある。資源（たとえば、食糧や、雨風をしのぐ場所、仲間など）を探し、説明のなされていない隙間（たとえば、谷のこちら側のほうにブドウが豊富なのはなぜか、など）を埋める情報を集め、世界の仕組みを学ぶ（たとえば、幼児は高い椅子から何度も物を落としてみる）などである。好奇心に駆り立てられた探索行動は、行動経済学者が機会費用と呼ぶ損失を最小化する。たとえば、現在、自分たちが得ているもので満足し、新しいものを見つけるために周囲の環境を探索しないと判断すると、もっと豊富な資源やチャンスを得る可能性を失うかもしれない。自分たちの谷のイチゴは、今のところおいしいし量も十分だが、角を曲がったところにあるイチゴはもっと大きくて、みずみずしくて、たくさんあるとしたらどうだろうか。探索しなければ知ることはないだろう。

好奇心は、二種類のものからなると考えられている。情報についての探求心と刺激についての探求心だ。情報についての探求心は、知識の隙間を埋めるためのものだ。つまり、世界についての知識に欠けている部分があると、私たちはより多くの情報を得ようとする。刺激についての探求心は、さまざまな経験の必要性に関連している。スリルを求めるのではなく、「新しい感覚や経験を発見したい」という欲求である。この二種類の好奇心が関連しているのは明らかだ。新しい感覚体験の追求は、世界に関して私たちが何を知らず、何を知りたいと思っているかを浮き彫りにする。初めて出合ったものには、なぜそんな味がし、そんな感触をもち、そんなふうに見えるのかという疑問が自然にわくからである。

好奇心と退屈の関係を詳細に調べた研究者はまだいないが、好奇心と退屈は負の相関関係にあるという指摘はいくつかなされている。ある研究では、好奇心と退屈は没頭の程度の連続的推移の両端にあり、学習との関係や、目前の作業に結びつける価値がまったく異なることが示されている。これらの多くは自明だろう。私たちが、好奇心や興味をもつ物事に、退屈だと思う物事よりも高い価値を与えるのは当然だ。好奇心と退屈が学習戦略に与える影響も逆である。好奇心を覚えるとき、私たちは最適化された学習戦略を適用する傾向がある。つまり、学習した情報を実際に試し、その情報を批判的に検討し、表面に見えているものをさまざまな戦略を使って詳しく調べたり掘り下げたりするのだ。これらの学習戦略はすべて、退屈と負の相関関係にある。退屈した状態では、学習に効果的な態度をとるのが容易ではない。それが、通常は好奇心によって涵養される態度だからである。

好奇心と興味は、心が十分に満たされている状態の表れである。それらは、私たちが、必ずしもフローを経験しなくても没頭できることを示している。しかし、フロー、好奇心、興味はすべて、目標の効果的な追求を含んでいる点において、退屈とは異なる。何かを達成したいという私たちの欲求が、世界が消えてなくなるあの強烈な体験につながるかどうか、数時間が数分や数秒で過ぎるように感じられる極度の集中につながるかどうかよりも、退屈への対策として重要なことがある。それは、みずから没頭し、自分のスキルや欲求を発露させる実行可能な目標をもっているということである。

だが、具体的な目標を見据えなくても退屈を避けられる、ほかの方法はないのだろうか。

活動していないが退屈はしていない

この前、あなたが身も心も溶けたようにリラックスしたのはいつだっただろう。コテージでくつろいでいたときか、ビーチの椅子に座って好きな作家の新刊を読んでいたときか、あるいは、リビングのソファに寝そべって、午後の日差しが樫《かし》の木の床の上でゆっくりと位置を変えていくのを眺めていたときだろうか。それがどんな場面だったにせよ、あなたの心はすっきりとしていて、仕事のことは頭のどこにもなく、心配や緊張から解放されていたはずだ。何も変える必要はなく、欲しいものもない。これがリラクゼーションの真髄である。何かをするように急かす衝動が微塵も感じられない状態だ。特に何の目標もなく、やっきになって生産性を追求する必要もない。あるのは、ただ時間だけだ。

リラクゼーションは、エネルギーレベルの低い、心地よい気分である。退屈には、「何かをしていたい」という、人が落ち着くことを許さない欲求が含まれている。その欲求に苦しめられているあいだはリラックスできない。そして、退屈は常に不快だが、リラクゼーションは、もともとの性質上、気持ちがよい。では、この対比をさらに掘り下げることはできるだろうか。本質的に、リラクゼーションは「満たされていない欲求」がない状態である。退屈の反対概念の候補として、また、退屈への対応策としてリラクゼーションがふさわしいのは、この「切望がない」という特性のためである。一方、退屈の根底には、「精神的に没頭したいという欲求は満たされないだろう」という強い思いがある。リラックスしているとき、私たちは自由であり、満たされない欲求という重荷を背負っていない。実際、退屈傾向が強い人にリラックスするように言うと、一時的に退屈感を減らす効果がある。

一見すると、退屈とリラクゼーションには、精神が十分に活用されていないという共通点があるように思われるかもしれない。だが、その二つが同じものでないのは明らかだ。リラックスすると、私たちは目標をもった欲求の重荷から解放されるが、それは、退屈の前提条件である精神的に空虚な状態とは異なる。リラックスしていても、私たちの心はなお満たされているからだ。空想にふけったり、将来の計画を立てたり、庭をぶらつくこともできる。焦点は少しぼんやりしているが、精神は没頭している。思考の内容を意図的に方向づけるのではなく、心を解放して、あれこれと自由に思いをめぐらせているのだ。それでも、ある意味で心は満たされているといえる。退屈しているときにはあり得ないことだ。

最近、日本では「森林浴」と呼ばれる活動が人気を集めている。この活動は、ただ自然のなかで時間を過ごすことで、健康と幸福を増進しようというものだ。森のなかで過ごす時間と、都市で過ごす時間を比較したところ、森にいるときは、敵意や抑うつ感が有意に減少することがわかった。また、退屈も同様に減少した。自然のなかにいることに何か重要な意味があるのかもしれないし、生活上の負担がない、リラックスしやすい場所というだけのことかもしれない。実際、多くの人が、日々の生活でリラックスするのは難しいと感じている。活動が絶えず続く性質のものであったり、達成すべき目標があったり、注意が必要な状況を渡り歩いたりするのでなければ、私たちはしばしば退屈におちいり、たちまち刺激的な環境に救いを求めることになる。リラクゼーションには、活動しなくても退屈しない能力が必要とされるのだ。

退屈を避けるために、フローや興味、好奇心、リラクゼーションの状態に身を置く必要はない。だが、これらはすべて、なんらかの意味で退屈と両立しないものである。そして、退屈の姿を明確にし、退屈への理解を深めてくれる。退屈すると、心は空虚になり、没頭したいという欲求が空回りするために、その状況を改善できない。解決策を得られないまま、私たちは身動きができなくなる。退屈がもつ、欲求にとっての難題にとらわれてしまうのである。

それと対照的に、退屈の反対概念は、満たされた欲求、精神的な没頭、強い主体感を特徴にもつ。フリーソロクライマーのアレックス・オノルドに話を戻すと、彼のスポーツへの愛は退屈の反対概念のすべてを包摂していると、私たちは考えている。おそらく、オノルドはときどき、自分がフロー状態に入っていると自覚しているし、技術を磨くことに深い興味をもち、新しいパートナーとの新たなクライミングに好奇心があり、クライミングに成功すると深い満足を感じ、リラックスする瞬間さえあるかもしれない。このことで、彼が退屈を経験したことがないといえるかどうかはわからない。だが、ロッククライミングや、そのほかの全身全霊を傾注するようなスポーツは、私たちの主体感への要求を満たし、退屈が及ぼす害を軽くする。

私たちにいえるのは、こうした多様な形の没頭が本当に退屈の反対概念であるなら、それを追求することで退屈の支配を防げるだろうということだ。ただし、そのためには、退屈に襲われたときにどう対応すべきかという問題を解決する必要がある。

結論

・・・

窓から庭を眺めながら、「コマ落としの動画を撮っておけば面白かっただろうな」と、ふと思う。季節の移ろいではなく、自分が手を加えたことによる庭の変化を、何カ月ではなく何年にもわたって記録しておけばよかった。

かつてはただの芝生だったのだ。丈の違う芝が混ざり合って生えていた。それが、今では自然庭園になっている。十数色のチューリップが春の到来を告げるのだ。右側には三色のヨーロッパブナの木を一本植えた。葉は斑《ふ》入《い》りの濃い紫色で、縁が淡いピンク色になっている。左側には菜園があり、葉の落ちたケールの茎が並び、豆の蔓《つる》だけが支柱にからみついている。みんな去年の収穫の名残だ。この庭のなかを、一筋の曲がりくねった小道が太くなったり細くなったりしながら延びている。小道の手前には、一本のしだれ桑がこんもりと茂り、そのまわりをクリーピングタイムが取り巻いている。こんなふうに構成するのに何年もかかった。

そして、どこもかしこも草取りが必要だ。この前やったばかりなのに。

いつも草取りに取り掛かるたびに、自分は終わりのない仕事をつくってしまったのかもしれないと思う。間違いなくそうなのだが、それでも庭づくりは好きだ。周囲と調和しない雑草を取り除きながら曲がりくねった小道を進んでいくのは、何かを確実に前に進めている感じがする。ゴールは見えているし、そこにたどり着ければ、あとには美しい庭が広がり、すべて自分の手の成せるわざだという満足感が得られる。賞がもらえるわけでもないし、称賛すらされないかもしれないが、間違いなく何かを達成したのだ。

どう考えても、草取りは退屈だ。単調で、乗り越えるべき困難もないし、人生にとっての意味や価値が希薄である。だとすると、人々はなぜ草取りを楽しめるのだろう。草取りには、なぜか人を引きつけるものがあるのだ。まず、今していることや、次にすべきことについての曖昧さがない。そして、達成感が得られる。自分の行動が、すぐに満足が得られる変化をもたらすのである。

・
・
・

退屈は、人間に行動を促す呼びかけである。その呼びかけへの反応はさまざまだ。退屈を覆い隠そうとする人もいれば、退屈につかまえられないように必死で逃げる人もいる。インターネットやSNSにうつつをぬかしてしまえば、確かに時間を埋めることはできるが、どこかの時点で、自分のしてきたことにはほとんど意味がないと気づく。スリルを追求したり、常に新奇なものや刺激的なものを探し求めたりするのも同様だ。控えめに言っても冒険的なこの戦略は、続けることがきわめて難しい。常に変化し、絶えず刺激を与えてくれる魅力的な体験を生み出す資格と能力があると確信している人がいる。だが、その信念がもたらすのは、永遠に退屈と闘っていかなければならない運命である。退屈は、行動を起こす必要性を知らせるシグナルであり、していることが何にせよ、それを変え、心を満たすようにと指示する。しかし、そのシグナルを、高揚感の持続が必要なシグナルに変えてしまうと、欲求を満たせなくなってしまうのだ。

退屈は覆い隠すべきではないし、逃げ切ろうとしてもいけない。退屈のシグナルにうまく反応できれば、退屈に価値を与えられる。退屈の不快感を受け入れることは、それがまさに行動を起こす動機づけとなるので、破滅につながる沈滞から私たちを守ってくれるのだ。この意味で、退屈している状態はよいとも悪いともいえない。退屈の恩恵を解き放ち、退屈の災厄を避けられるかどうかは、シグナルに対する自分の反応にかかっているのである。

しかし、退屈に反応するのは単純な作業ではない。退屈した人は何かをしたいと思うが、心の中にしたいことがないからである。これは解決できない課題であり、「ゴルディオスの結び目[*1]」だ。退屈の苦痛のなかで、私たちは、興奮が解決策だと考えるかもしれないが、この発想をするとシグナルは謎の暗号に変わる。単純な解決策は問題をいっそう難しくしがちだ。よくあるのは、退屈の苦しさのために、世界が自分たちに代わって問題を解決してくれるのを期待することである。行き当たりばったりにさまざまなことを試し、何が心を満たしてくれるのか確かめようとすることもあるだろう。あるいは、子どもが親に退屈の解消をせがむように、自分の生活する世界にいるだれかが解決してくれるように望むかもしれない。ゴルディオスの結び目を解く方法が簡単に見つ

*1　古代フリギアのゴルディオス王が結んだ複雑で解けない結び目。

からないのと同様に、退屈の解決策も、手近で目立つものから得られることは、絶対にない。解決策は、私たちの内面からもたらされる必要があるのだ。

私たちは、自分の人生の書き手であるよう動機づけられている。だが、退屈すると主体感、つまり自分が主導権をもっているという感覚が失われてしまう。第2章に書いた釣り人とコルクの話を思い出してほしい。荒れた海に目的もなく浮いているコルクに主体感はない。自然の気まぐれに翻弄される存在だ。それと対照的に、釣り人はいつどこでいかりを下ろすかや、近づいてくる嵐を避けるために、いつ道具を片づけて岸に向かうかを選択できる。

退屈は、私たちに、ふたたび主体感を主張する必要があると伝えるが、同時に、私たちの主体感には制限があることも思い出させる。私たちは神ではないので、世界を自分の意志に従わせる力はない。しかし、受動的な容器ではないので、満たされるのを待つだけで影響を与えられないというわけでもない。私たちが占めているのは、厄介な中間の位置であり、その事実を受け入れるのは、なかなか困難だ。だが、退屈という使者が到着すると、たとえ制限された主体感であっても、それを満たすために行動を起こすことが最善の策になる。ところが、私たちはしばしばまったく逆の行動をとって、主体感を縮減させ、長い目で見ると退屈との闘いを不利に導くのだ。

20世紀前半に、バートランド・ラッセルは、現実には退屈の勢力は衰えているものの、脅威は増していると訴えた。ラッセルによれば、脅威は、退屈に対する恐れの増大に関連しているという。私たちは何をそんなに恐れているのだろうか。退屈は苦しく、それだけで恐れる理由になるが、少なくともほかに二つの理由が思い浮かぶ。一つ目は、自分たちの能力不足に対する恐れであり、二つ目は失敗への恐れである。どちらも主体感の障害になる。

私たちが、しばしば恐怖から退屈に対して逆効果の反応をするのは、一見、奇妙に思えるかもしれない。だが、実はたいして驚くことではない。どんな種類の逆境でも、私たちは直面すると、逃れる道を探る。苦痛が大きいほど、早く苦痛を取り除こうと必死になる。長期間の成果は視界から遠ざかり、直近の結果が目前に大きな姿を現す。

退屈を恐れるとき、私たちは、努力を必要とせず、できるだけ早く退屈から解放してくれそうな活動を探す。そうした活動の多くは、私たちの注意をコントロールし、基本的に思考をともなわない没頭に私たちを取り込むように設計されている。ウェブサイトのクリックベイト[*2]は、常に私たちを広告主の照準器の中央に捉えている。レベルを完璧に調整したビデオゲームは、私たちを次のステージへと押し上げる。スロットマシンのベルやホイッスルは、たとえ一文なしになろうとも、ゲームを続けるようにデザインされている。これらすべては私たちの注意を捉える。しかし、私たちをその目的のための働きかけの対象としかみなしておらず、「没頭の方向を変えたい」という私たちの要求には目を向けない。人の注意を釣り上げるそうした仕組みは、短期的には大きな効果をあげる。実際、非常に魅力的なので、退屈から逃れたくてたまらない人にはあらがうのが難しい。長い目で見ると、外部の物事に問題の解決をゆだねるほど私たちの主体感は萎縮し、主体感が萎縮するほど私たちは退屈に対して脆弱《ぜいじゃく》になる。それは勢いが増すだけの悪循環であり、止めるのがますます難しくなる。恐れはその悪循環に燃料を供給し、私たちが絶えず退屈につきまとわれるようにする。

しかし、実際には恐れる必要はないのだ。退屈などのネガティブな気持ちは、どれもそれ自体は危険ではない。むしろ、修正が必要な危険を指摘してくれるのだ。退屈が伝える重要なメッセージは、私たちの主体感が縮小していて、それに関して何かをする必要があることである。悪い知らせをもたらした人を責めても、なんの役にも立たない。「本当の欲求を満たせていない」という事実に気づかないままになるだけである。必要なのは、ただ何かに満たされることではなく、私たちがどんなふうに世界に没頭するかにおいて、主体性を発揮するよう奮起することである。コルクではなく、釣り人にならなければいけないのだ。

では、退屈に対する適応的反応とはどんなものだろうか。第9章で述べたように、フロー状態の追求、好奇心の涵養《かんよう》、ただリラックスすること、これらはすべて効果的な没頭の方法である。これらの先に、もう一つの方法がある。瞬間に存在することを私たちに求めるものだ。それは、退屈への反応として、逃げ道を探すのではなく、意識の焦点を今ここに向けるように要求する。この内面に向けた注意によって、私たちは自分の体

＊2　扇情的なタイトルや文章などでユーザーの興味を引き，クリックさせて広告などを閲覧させる手法。直訳すると「クリックのエサ」。

験の原動力になっているものをもっと詳しく検証できる。定期的な訓練によって、私たちは一つの瞬間にもっとしっかりと存在するようになるし、自分自身に対してもっと濃密に存在するようになる。言い換えれば、マインドフルになるのである。

瞑想の一形態であるマインドフルネスは、評価を挟まずに自分の思考や感じ方に注意を向ける能力を高めるが、低いレベルの退屈とも結びついている。高度なマインドフルネスのスキルをもった人は、退屈を感じる機会が少ない。純粋な概念の定義においても、退屈とマインドフルネスは両立しない。私たちは、退屈すればするほどマインドフルではなくなる。一つには、マインドフルな状態は、退屈な状況への情動的な反応を低下させることで退屈を遠ざけるからだ。ほかの苦しい気持ちと同じように、私たちが退屈を恐れ、退屈から逃げようとするほど、退屈は苦しいものになる。マインドフルネス瞑想は、ネガティブな気持ちに対して、さらにネガティブな気持ちで反応するというサイクルを断ち切るのに役立ち、私たちが恐怖や敵意で退屈に反応することを防いでくれる。退屈に追いつかれないように逃げようとすると、私たちは、どうすれば瞬間にとどまり、自分のエネルギーを肯定的な方向に向けられるかを学習するチャンスを、みずから失ってしまう。自分が最も深いところで求めているものが何なのかを見出すためには、ダウンタイムの期間を耐え抜く必要がある。ダウンタイムというのは、思考や行動が、外部から導かれるものでいっぱいになっていない時間のことだ。私たちが退屈するリスクを受け入れることで、解決策を見つけるチャンスが生まれる。退屈と闘う代わりに、退屈な状況を受け入れれば、そこから解放されるために必要なものが得られる。すなわち、自分の欲求と目標を特定し、主体として、自分の思いどおりに没頭し、目的をもった一連の行動に取り組む機会にできるのだ。

私たちが主張しているのは、退屈が望ましいということではなく、ときどきは世界から受ける刺激が少なくなるのもよいということだ。アンディ・ウォーホルが「ふだんなら退屈するつまらないことに、突然ゾクッとする瞬間が必要だ」と説いたのは有名だ。刺激が少ない状態を受け入れるのは適切だし、自分がすることの原動力や制御を外部にゆだねたいという衝動に逆らうことも大切だ。言い換えれば、人生で何をすべきかということと、それをするペースを、私たちは意識的に選べるのである。

私たちの注意を引きつけて放さないように仕組まれた外部の力が自分の没頭のしかた

を決めるのを受け入れてしまうと、私たちは自分自身から疎外される。反対に、外部の力が後退すればふたたび自分自身を見つける。つまり、自分が何者であるかをふたたび発見する可能性が生まれる。これは、一方では祝福であり、主体感を受け入れ、退屈を排除するために必要な前提条件である。また、他方、自分自身を厳しい目でじっくりと見るのは、必ずしも心地よいとは限らない。ロシア出身のアメリカの詩人でありエッセイストのヨシフ・ブロツキーは、ダートマス大学の卒業式のスピーチで学生たちを当惑させた。彼は、スピーチで退屈の美徳を称揚し、「あなた方の存在について、退屈の視点から捉えることで、正確さと謙虚さを得ることになる。あなた方は有限で、ちっぽけなものだ」と述べた。

「欲求――行動――新たな欲求」のサイクルが停止すると、私たちは退屈し、無限の時間に直面して、自分たちがすることの究極の無意味さをかいま見る。すでに述べたように、退屈は主体感は有限であることを思い出させてくれる。私たちは神でも、満たされるのを待つ空の器でもない。私たちがしなければならないことは、自分自身の平凡さを受け入れることである。私たちは時間のなかに住み、平凡さに耐え、退屈に屈してはならない。退屈に効果的に対応するには、限界を受け入れる必要がある。退屈は、自分が有限であり、自分の行動が最終的には重要ではないことを思い出させてくれる。それでも、退屈は、選択をし、未来への働きかけに没頭することを求めるのだ。ブロツキーにとって、それは退屈の重要な教訓であり、人生を肯定する教えである。自分の行動は重要ではないが、それでも行動しなければならない。これは悲観的な苦境ではない。それどころか、人生そのものである。「物事は、有限であるほど、生命、情動、喜び、恐れ、思いやりに満ちてくる……情熱は、重要でない存在がもつ特権なのである」

あなたは有限で、退屈の可能性が常に存在するから、情熱を体験できる。ニーチェが、「神が天地創造の7日目に退屈したことは、偉大な詩人の題材になるだろう」と皮肉っぽく考えたとき、このことをうまく表現していた。全能で不滅であることは、すべてが可能であることを意味し、特に何かに価値を与えるのは困難だ。一方、あなたに関しては、時間の短さを知っていることで生まれる、世界への情熱的な没頭が主体感から流れ出て、退屈の確実な治療法になる。それはあなたが最高の状態にあるときでもある。

退屈のメッセンジャーが到着したら、まず一回深呼吸し、あなたの注意を支配する可能性がある外部の力を追い出し、自分の限界を受け入れ、主体感を満たす活動を追求するのがいいだろう。何かがあなたに代わってそれをしてくれるといった、簡単で万能な方法はない。退屈は何をすべきか教えてくれないし、それは私たち著者にもわからない。

安易な答えの代わりに、次のような原則を提案しておこう。あなたの欲求や目標を曖昧にするのではなく、明確にする活動を探す。あなたの価値、つまりあなたにとって重要なことを表現する目標を追求する。何かを避けるための手段としてではなく、そのこと自体を目的にして行動する。周囲を魅了するような活動を選び、より深いつながりに引き込まれるようにする（トラフィックコーンの微妙な違いに魅了されたデビッド・モーガンを思い出そう）。あなたが有効であることを表現し、拡大するように行動する。そして、あなたが唯一無二の存在として没頭できて、あなたが何者であるかを表現できる活動を見つける。

退屈はシンプルだが奥深い質問を私たちに突きつける。つまり、あなたは何をするのか、ということだ。この質問に答えなくてはいけない。これよりも重要な問いはないに等しいのだから。

謝辞

JD（ジェームズ・ダンカート）

過去10年間、研究室で退屈の研究を行ってきた大学院生のみなさん、ヤエル・ゴールドバーグ、ジュリア・イーサチェスク、コリーン・メリフィールド、ジョティシャ・ムーゴン、アンドリー・シュトゥルクに感謝する。あなた方はこの研究を支えてくれただけでなく、私の考えを意味のある形にまとめてくれた。学部生にも貢献してくれた人はたくさんいるが、特にエヴァアン・オールマンに感謝したい。私たちの共同論文は2005年に研究室のために書き始めたものだ。研究を形にし、最高のアイデアを出し、最悪のエラーを防いでくれた、同僚のアビー・シェーラー、イアン・マクレガー、ダン・スミレックにも感謝する。この本全体の執筆に関するアドバイスと洞察を提供してくれたコリン・エラードに特に感謝したい。編集者のジャニス・オーデットと、ハーバード大学出版局のみなさんには、編集プロセスを専門的に指導してくれたことに感謝する。最後に、私が夜遅くまでパソコンで悪戦苦闘するのを支え、退屈しても我慢し、できるだけ退屈しないようにしてくれた家族に感謝したい。いつものように、すべてを受け止めてくれたステイシーには、いくら感謝してもしきれない。

JDE（ジョン・D・イーストウッド）

私と一緒に退屈を探究してくれた熱心な大学院生とポスドクのみなさん、ヴィアパル・バンブラー、キャロル・カヴァリエーレ、シェリー・ファールマン、アレクサンドラ・フリッシェン、コーリー・ジェリッツェン、デーナ・ゴレリク、アンドリュー・ハンター、ジェニファー・ハンター、チアフェン・シュー、サナツ・メーランファー、キンバリー・マーサーリン、アンディー・ング、ローテム・ペトランカーに感謝する。特に、「退屈」研究室の基礎を築いたシェリーと、私たちに活力を与えてくれたアレクサンドラには特別な謝意を表したい。また、本書の初期の草稿にフィードバックをくれたジェニファーとアンドリューにも特別な感謝の意を表したい。同僚のマーク・フェンスキー、ピーター・ガスコフスキー、イアン・マクレガー、イアン・ニュービークラーク、ダン・スミレックは、私の研究人生において重要な役割を果たしてくれた。ダンとマークは、特に退屈についての私の考えを明確に形づくってくれた。彼らの計り知れない貢献には感謝しかなく、もし私が何かの間違いをしていたとしても二人には一切責任はない。また、ここ数年、私たちが執筆プロジェクトと格闘していたときに、かけがえのない精神的な支えとなってくれたマギー・トプラクにも特別な感謝の意を表したい。協力と対話は、私が研究を続けるための核であり、関係する一人ひとりに感謝している。編集者のジャニス・オーデットをはじめとするハーバード大学出版局のみなさんは、ちょうどよい自己決定権と方向性を与えて、私たちを軌道に乗せてくれた。執筆過程での指導にも感謝している。一番大事なことが最後になってしまったが、このプロジェクトを遂行するにあたり、私がやりたいようにさせてくれたエイドリアンに感謝したい。きみがそばにいてくれたことの意味は、言葉では言い表せない。

著者　**ジェームズ・ダンカート**（James Danckert）

ウォータールー大学心理学科教授。認知神経科学者。退屈の心理学の専門家であり、注意に関する神経科学と脳卒中の予後の研究などを行っている。

著者　**ジョン・D・イーストウッド**（John D. Eastwood）

ヨーク大学心理学科准教授。臨床心理学者。臨床家の育成に携わる一方、認知と情動の共通領域に関する研究を行っている。

監訳者　**一川 誠**（いちかわ・まこと）

大阪市立大学文学研究科後期博士課程修了。博士（文学）。専門は実験心理学。学振特別研究員、ヨーク大学視覚研究センター博士研究員、山口大学工学部講師・助教授、千葉大学文学部准教授を経て、現在、千葉大学大学院人文科学研究院教授、山口大学時間学研究所客員教授。体験される時空間の特性を中心に、人間の知覚認知過程や感性の特性について研究を行っている。

訳者　**神月謙一**（かみづき・けんいち）

翻訳家。東京都立大学人文学部卒業。大学教員を17年間勤めたのち現職。訳書に『微生物・文明の終焉・淘汰』（ニュートンプレス）『レッド・ルーレット』（草思社）『デジタル・エイプ』（クロスメディア・パブリッシング）『格差のない未来は創れるか？』（ビジネス教育出版社）など。

暇と退屈の心理学

二〇二三年一月二十日発行

著者 ジェームズ・ダンカート、
ジョン・D・イーストウッド
監訳者 一川 誠
訳者 神月謙一
翻訳協力 株式会社 トランネット
http://www.trannet.co.jp
編集 道地恵介
表紙デザイン 株式会社 ライラック
発行者 高森康雄
発行所 株式会社 ニュートンプレス
〒一一二-〇〇一二
東京都文京区大塚 三-十一-六
https://www.newtonpress.co.jp

ISBN 978-4-315-52656-1
カバー、表紙画像：Photoboyko/stock.adobe.com

本書は２０２１年当社発行『退屈の心理学　人生を好転させる退屈学』をニュートン新書として発行したものです。

Illustration Credits

p.96 Wellcome Library M001440; Wellcome Collection CC BY 4.0.
p.207 Courtesy of Dr. Jennifer Gunter.
p.241 “Welche Thiere gleichen einander am meisten: Kaninchen und Ente,” *Fliegende Bätter*, October 23, 1892. University Library, Heidelberg.

原書に掲載の注釈、参考文献、索引は割愛しています。

OUT OF MY SKULL: The Psychology of Boredom
by James Danckert and John D. Eastwood

Published by arrangement with Harvard University Press
through The English Agency (Japan) Ltd.

ニュートン新書

暇と退屈の心理学

ジェームズ・ダンカート、ジョン・D・イーストウッド＝著
一川 誠＝監訳　神月謙一＝訳